Amazonas da Noite

Espírito Vinícius
(Pedro de Camargo)

Psicografia de Eliane Macarini

Amazonas da Noite
pelo espírito *Vinícius (Pedro de Camargo)*
psicografia de *Eliane Macarini*

Copyright @ 2011 by
Lúmen Editorial Ltda.

1ª edição – março de 2011

Direção editorial: *Celso Maiellari*
Assistente editorial: *Fernanda Rizzo Sanchez*
Preparação: *Alessandra Miranda de Sá*
Projeto gráfico e arte da capa: *Casa de Ideias*
Impressão e acabamento: *Cromosete Gráfica*

Dados Internacionais de Catalogação na Publicação (CIP)
(Câmara Brasileira do Livro, SP, Brasil)

Camargo, Pedro de (Espírito).
Amazonas da noite / espírito Vinícius (Pedro Camargo) ; psicografia de Eliane Macarini. — São Paulo : Lúmen, 2011.

ISBN 978-85-7813-040-4

1. Espiritismo 2. Psicografia 3. Romance espírita
I. Macarini, Elaine. II. Título.

10-14152   CDD-133.9

Índice para catálogo sistemático:
1. Romance espírita : Espiritismo   133.9

LÚMEN
EDITORIAL

Rua Javari, 668
São Paulo - SP
CEP 03112-100
Tel/Fax (0xx11) 3207-1353

visite nosso site: www.lumeneditorial.com.br
fale com a Lúmen: atendimento@lumeneditorial.com.br
departamento de vendas: comercial@lumeneditorial.com.br
contato editorial: editorial@lumeneditorial.com.br
siga-nos no twitter: @lumeneditorial

2011
Proibida a reprodução total ou parcial desta
obra sem prévia autorização da editora

Impresso no Brasil – *Printed in Brazil*

VIVER

Ah! Quem me dera ter todas as respostas,
Ver o caminho e saber onde vai dar.
Ver o futuro tão presente, que não será
Necessário vivê-lo.
E que direi do passado?
Passou fácil, já sabia o que viria
Nem me lembro dele.
Parece história de outrem,
Apenas contada, não sonhada.
Pensando bem!...
Quem me dera não ter nenhuma resposta,
Ver como é ser eterno,
Ter um longo caminho...
À frente, não presente,
E sentir o presente em plenitude
Como raro perfume, que desperta os sentidos.
E o próximo minuto...
Será necessário vivê-lo.
E direi do passado que passou,
Não tão fácil, mas,
Vivido, sonhado e realizado,
Viver num longo caminho,
Repleto de surpresas, novidades mesmo,
Assim vou querer acordar todo dia,
Ou, melhor, a todo minuto, pois...
Descobri hoje
Que sou presente no passado e
Passado no futuro.

Eliane Macarini

Sumário

Prefácio 7
1. Tentativa de auxílio 11
2. Na Serra da Cantareira 19
3. As Amazonas da Noite 25
4. Trágica notícia 34
5. Uma especial Flor 42
6. Da dor, uma esperança 53
7. Um pouco de conforto 62
8. O furor de Pentesileia 71
9. Auxílio bem-vindo 79
10. Superação 89
11. Beligerância amorosa 96
12. Dolorosas lembranças 106

13. Amor e tempestade 114

14. Missão quase impraticável 128

15. A revelação de um doloroso segredo 139

16. Desaparecidos 149

17. Mais uma vez na cidadela 159

18. Esclarecimento espiritual 169

19. Reaparecidos 182

20. Transplante de medula – uma possibilidade de cura 194

21. O insensato Gabriel 208

22. Redenção? 219

23. Uma voz como essa não pode se perder 229

24. Um triste desencarne 239

25. Redenção, e um pouco mais 248

26. Abençoado cilício 259

27. Aurora 269

Prefácio

O verdadeiro homem de bem é aquele que pratica a lei de justiça, de amor e caridade, na sua maior pureza. Se interroga a sua consciência sobre os próprios atos, pergunta se não violou essa lei, se não cometeu o mal, se fez todo o bem que podia, se não deixou escapar voluntariamente uma ocasião de ser útil, se ninguém tem do que se queixar dele, enfim, se fez aos outros tudo aquilo que queria que os outros fizessem por ele.

(O Evangelho Segundo o Espiritismo – Capítulo XVII – Sede Perfeitos – Item 3 – O Homem de Bem)

O trabalho que realizamos, no socorro aos sofredores do orbe, muito nos tem auxiliado na compreensão das próprias limitações. Observando e refletindo sobre tudo o que vivenciamos, também nos modificamos, pois as informações que nos chegam, a necessidade de pesquisar e raciocinar em benefício de outrem, engrandecem-nos o intelecto, possibilitando assim formoso aprendizado, que ansiamos em aplicar de maneira altruística e amorosa.

O trabalho que ora iniciamos origina-se da necessidade de educação primeira do espírito, como ser atuante no mundo em que habita e não mais restrito a uma forma egocêntrica e alheia aos que nos cercam; experiência essa que vivemos tanto como espíritos encarnados quanto como desencarnados, visualizando, sobretudo, a imortalidade de todos nós, em constante processo de reeducação.

Os terríveis processos obsessivos, atualmente, em caráter epidêmico sobre o globo, quando entendidos e esclarecidos, passam de transtornos dolorosos a ferramentas de evolução e de auxílio aos mais necessitados.

Aquele que sucumbiu ao assédio dos mais ignorantes, quando acordado pela necessidade de debelar a dor, oferece ao parasita a oportunidade de refletir sobre as transformações observadas e, se for de sua escolha, também de tomar um novo rumo, que com certeza será o caminho do progresso moral, e não apenas o do intelecto, desenvolvido em busca de conhecimentos da matéria visível a cada um, segundo suas possibilidades.

As descobertas filosóficas e científicas acontecem tanto de acordo com as necessidades da humanidade, como também com a capacidade de absorvê-las, em um primeiro momento, não raras vezes de maneira egoísta e doentia, para em seguida trilhar os caminhos éticos exigidos pela dor latente que, tão logo assimilados, passam a mavioso processo de evolução moral.

A humanidade caminha para um futuro promissor em felicidade, mesmo que, ao observarmos os acontecimentos divulgados escandalosamente pelos meios de comunicação, sintamos que a sociedade estagnou em terrível processo doentio; porém, acordemos o otimismo e modifiquemos as lentes de nossa visão, para que possamos enxergar além da superfície do ser.

Todo processo de mudança é doloroso porque demanda o abandono de velhos e arraigados hábitos comportamentais e de sentimentos que nos fazem sofrer, ainda que na medida do tolerável, além de nos exigir enfrentar o novo mundo interior que aflora do mais íntimo de nossos sentimentos, e que nos assusta a ponto de preferirmos a certeza da não felicidade à dúvida da existência de um mundo rico em realizações.

Fortaleçamo-nos na fé grandiosa do conhecimento de nossa origem divina, na certeza de sermos deuses, à semelhança do Pai amado. Façamo-nos a caridade de espiar nossa mente em busca de nobres pensamentos, que nos arremessarão ao maravilhoso mundo do sentir-se feliz.

Acreditemos no amanhã, doce promessa de alegre caminhar ao ser eterno.

Deus nos ampare nessa bendita trilha de amor.

Ribeirão Preto, 11 de janeiro de 2009.

Vinícius (Pedro de Camargo)

1
Tentativa de auxílio

873. O sentimento de justiça é natural ou resulta de ideias adquiridas?
É de tal modo natural que vos revoltais ao pensamento de uma injustiça. O progresso moral desenvolve sem dúvida esse sentimento, mas não o dá. Deus o pôs no coração do homem. Eis por que encontrais, frequentemente, entre os homens simples e primitivos, noções mais exatas de justiça do que entre pessoas de muito saber.

(O Livro dos Espíritos – Livro III – As Leis Morais – Capítulo XI – Lei de Justiça, Amor e Caridade – Item I – Justiça e Direito Natural)

Gabriel, brilhante advogado, porém com poucos escrúpulos na escolha dos casos judiciais, visava sempre conquistas materiais, sem se importar com a verdadeira justiça. Vivenciava, portanto, momentos de equivocado sucesso. Sua clientela era composta, em particular, por indivíduos de moral suspeita e acusados de participar de distribuição de substâncias tóxicas, do tráfico de influência, de prostituição, contrabando etc., e, nos últimos tempos, convivia com elementos que formavam terrível grupo de extermínio.

Gabriel casou-se com Dora, moça de temperamento voluntarioso, bastante vaidosa e inconsequente. O interesse de ambos, sempre voltado às facilidades financeiras e à projeção social, fê-los calar a consciência em muitas situações que vivenciaram ao longo dos vinte anos de casamento.

O casal teve dois filhos, Tiago e Sabrina, hoje com dezoito e catorze anos, respectivamente. Tiago, apesar do mau exemplo dos pais, mostrou-se um jovem bastante ponderado e digno, dedicado aos estudos, respeitoso com o próximo e muito preocupado com a irmã, que, diferente dele, demonstrava uma índole semelhante à dos pais. Suas amizades deixavam sempre a desejar em termos de responsabilidades morais.

Certa ocasião, bastante desconfiado do comportamento agressivo de Sabrina, Tiago tentou conversar com os pais e alertá-los sobre a possibilidade de a irmã estar envolvida com drogas, sendo usuária e traficante.

– Mãe, o papai já chegou?

– Chegou sim, por quê?

– Queria conversar com vocês sobre a Sabrina.

– Não me venha com suas ideias absurdas. Até parece perseguição com sua irmã. Eu o proíbo de encher a cabeça de seu pai com bobagens.

– Nem falei o que queria e você já está brigando comigo. Estou preocupado com Sabrina sim! Ela anda com más companhias e está muito agressiva e evasiva quando a questiono sobre o assunto. Acho que vocês precisam tomar uma providência.

Nesse momento, Gabriel entrou na sala e ouviu as últimas palavras de Tiago.

– A que providências você se refere? – perguntou.

– Estou preocupado com Sabrina – Tiago principiou a falar, mas Dora o interrompeu.

– Não é nada não, meu bem. Você sabe como é esse menino... Ele tem ciúme de Sabrina e a persegue.

– Mas do que vocês estão falando? O que é, Tiago? – indagou Gabriel, demonstrando estar nervoso com a discussão.

– Os amigos de Sabrina não são gente boa; estão sempre metidos em confusão e, além do mais, são viciados em drogas e também traficam. Isso me preocupa – tornou Tiago.

– Mas... os jovens do grupo de relações de sua irmã são de famílias de posses, que têm alta projeção na sociedade. Têm dinheiro até demais; não precisam traficar. São filhos de médicos famosos, de procuradores da justiça, juízes, empresários riquíssimos. Como você pode dizer isso? – perguntou Dora.

– Ora, mãe! Quem disse que dinheiro e projeção social transformam alguém em pessoa de bem? A maioria é de desocupados; os pais não estão nem aí com eles. Esses jovens, mesmo tendo dinheiro, agem de maneira agressiva e acham que podem fazer tudo, que não serão punidos, e, na realidade, não são mesmo – falou Tiago.

– Tiago, não contrarie sua mãe; ela tem razão. Sabrina tem um círculo de amizades excelente e você deve estar enciumado. Afinal, seus amigos são um bando de pés-rapados. Sei que dois deles só estudam na escola que você está porque têm bolsa de estudos. Um é filho de motorista e a outra é a filha de nossa empregada. Ah, antes que me esqueça: não o quero de namorico com a filha da cozinheira; essa gentinha só quer dar o golpe em indivíduos ingênuos como você. Deixe sua mãe e sua irmã em paz – replicou Gabriel com descaso.

– Mas, pai... – ainda tentou argumentar o jovem Tiago.

– Assunto encerrado – interrompeu Gabriel, e continuou, dirigindo-se à esposa: – Meu bem, precisamos nos arrumar! Não tive tempo de avisá-la, mas o comendador Rafael nos convidou para um jantar informal em sua residência.

– Ainda bem que fui ao cabeleireiro, senão estaria apurada para me aprontar – disse Dora.

– Você sempre está perfeita! Sinto orgulho quando me acompanha. Venha, vamos, antes que nos atrasemos – convidou Gabriel, puxando a esposa pela mão e ignorando a presença do filho.

Tiago ficou sozinho na grande sala mobiliada com luxo e extravagância. Olhando ao redor, refletiu: "Ele não sabe que na casinha da cozinheira, no fundo do quintal, há mais conforto do que neste luxo todo. Sinto inveja de como a Flor trata a filha, a maneira como passam horas juntas, conversando ou apenas em silêncio assistindo a um programa na televisão. E nós, aqui, nesse casarão mobiliado com elegância, sequer nos olhamos. Estava falando da filha deles! O mínimo que poderiam fazer era me ouvir e depois conversar com a Sabrina, para saber se existe alguma verdade no que me preocupa. Sinto-me tão sozinho e, às vezes, tenho tanto medo... Não por mim, mas pela minha irmã. Ela é tão irresponsável e ao mesmo tempo tão ingênua por não acreditar que coisas ruins também podem acontecer conosco, em particular como consequência de nossos erros... Ando tendo uns sonhos muito esquisitos com ela".

Tiago, sozinho e triste, dirigiu-se para a cozinha e lá encontrou Flor, uma mulher de aproximadamente trinta anos, de aparência suave e tranquila, que o recebeu com enorme sorriso de alegria.

– Olá, Tiago. Sente-se aí; acabei de tirar algumas rosquinhas do forno e sei que você gosta delas quentinhas – comentou Flor com carinho.

– Oba! Já estou com água na boca – respondeu Tiago com um sorriso.

– E também com rugas de preocupação na testa e os olhos tristes – completou Flor.

– Estou preocupado com Sabrina. Tentei falar com meus pais, mas eles não me dão atenção.

– Posso auxiliar de alguma maneira? – questionou Flor, demonstrando amabilidade.

– Pode ser coisa da minha cabeça, mas Sabrina anda em más companhias. É gente usuária de drogas, e ela está diferente. A mesada não dá para nada; ela vive pedindo dinheiro emprestado. Não sei, Flor, posso até estar enganado... Mas queria ter certeza e ficar em paz – comentou o rapaz.

– Você já conversou sério com Sabrina?

– Tentei uma vez, mas ela foi meio rude, e desisti.

– Tente novamente. Espere um momento de sossego entre vocês e fale de seu carinho e preocupação com ela. Sabrina vai ouvi-lo – aconselhou Flor.

– E se ela não me ouvir, se nem ao menos permitir que toque no assunto? – indagou o rapaz.

– Um problema de cada vez; tente falar com ela primeiro. Se sua irmã se recusar a ouvi-lo, pensaremos em outra coisa, está bem?

– Está sim – concordou Tiago, mais aliviado.

– Agora coma sua rosquinha, senão ela esfria – disse Flor com carinho.

Enquanto a cozinheira conversava com Tiago, belíssima entidade de luz a intuía com serenidade, e espíritos socorristas auxiliavam irmãozinhos adoentados pela própria dor a enxergar um cadinho de paz.

Foi nesse momento que a bondade de Deus nos permitiu esse bendito trabalho de amor. Mauro, querido amigo de labores socorristas, veio ter conosco.

— Boa tarde, meus amigos! Estava com saudades!

— Seja bem-vindo! Também estava saudoso de nossas conversas e da presença carinhosa do amigo — tornei com alegria por rever esse amado companheiro.

— Venho em busca de auxílio para familiares ainda encarnados de grato amigo de esfera superior. Graças à interferência dele, foi deliberado auxílio em benefício de uma pequena comunidade familiar — explicou Mauro.

— Fico feliz em poder auxiliar. Você poderia colocar-me a par dos acontecimentos? — indaguei.

— Trata-se de antigo companheiro de desvarios de querido mestre que muito nos tem auxiliado na compreensão dos verdadeiros valores morais. O nome de seu tutelado é Gabriel, que foi beneficiado com belíssimo planejamento encarnatório, do qual participou ativamente. O aspecto mais importante, já fazendo parte de momento provacional, seria fazer a faculdade de direito e direcionar esforços em socorrer os desvalidos por meio de trabalho justo e caridoso. Gabriel possui muita facilidade de aprendizado, em especial o relacionado aos manuais legais que regem deveres e direitos sociais do indivíduo. Contudo, de novo, a ganância e o desejo de poder estão corrompendo-o e desviando-o de suas resoluções pré-encarnacionistas. Gabriel adquire agora novos débitos perante as leis divinas, assim como também está se furtando a cumprir compromisso de auxiliar na educação de dois espíritos com os quais se comprometeu e que hoje são seus filhos — esclareceu Mauro.

— E quanto à esposa de Gabriel? Ele é casado, não é? — inquiri.

— O nome da esposa de Gabriel é Dora, que também se comprometeu no passado em busca de fortuna e poder; porém, após a última passagem pela Terra como espírito encarnado, viveu afortunada experiência, com muitos obstáculos financeiros e uma leve dificuldade mental, com comprometimento na área do raciocínio lógico. Superou importantes provas, sofreu expiações dolorosas e retornou ao plano dos espíritos em melhores condições perispirituais e morais. Infelizmente, diante da prova atual, com facilidades financeiras e um corpo físico perfeito, que abriga uma mente com liberdade de ação, caiu de novo no antigo vício – explicou Mauro.

— E quanto aos filhos do casal? – quis saber, compadecido desses irmãos.

— Tiago é espírito em melhores condições. Embora também faça parte desse passado de trevas, aproveitou as oportunidades oferecidas e evolui magistralmente. Consultado sobre a possibilidade de auxiliar os antigos companheiros de desvario, aceitou a tarefa com alegria. Sabrina, uma bela jovem, mas ainda um espírito reticente nas escolhas, afiniza-se com o comportamento desequilibrado dos pais, irreverente e sem objetivos maiores. Gosta dos prazeres imediatos, obtidos por meio de comportamentos doentios, como sexo irresponsável, drogas, álcool etc. Tiago tenta auxiliar, buscando ajuda dos pais, mas estes, encantados com a vida de diversão que escolheram, sentem-se incomodados com o alerta que o rapaz tenta lhes sinalizar – falou Mauro.

— Há alguém próximo a essa família que poderíamos intuir para iniciar o auxílio? – questionei a meu amigo.

— Flor, delicado espírito, e a filha, Alice, ambas moradoras da mansão do casal. Flor é cozinheira e conversa muito com Tiago.

— Ela tem algum entendimento da vida espiritual? – perguntei.

— É bastante sensível à influência espiritual e, devido à evolução moral, tem afinidade natural com o mundo melhor – esclareceu Mauro. – Ainda não teve contato com a Doutrina Espírita, além da leitura de alguns bons romances, que ela mesma escolhe e compra. Alice conversa muito com Tiago; estudam na mesma escola. Ela é bolsista, vantagem que conseguiu através do próprio esforço, estudando e se dedicando com afinco. É uma jovem alegre, responsável e muito amorosa. Os dois jovens sentem-se bem juntos, mas a família de Tiago, com certeza, fará oposição a que essa amizade se fortaleça e no futuro os aproxime em laços de amor.

— Podemos visitá-los hoje mesmo? – perguntei, bastante interessado na história.

— Contava com a disposição do amigo Vinícius. Podemos ir agora mesmo.

2

Na Serra da Cantareira

874. *Se a justiça é uma lei natural, como se explica que os homens a entendam de maneiras tão diferentes, que um considere justo o que a outro parece injusto?*

É que em geral se misturam paixões ao julgamento, alterando esse sentimento, como acontece com a maioria dos outros sentimentos naturais e fazendo ver as coisas sob um falso ponto de vista.

(O Livro dos Espíritos – Livro III – As Leis Morais – Capítulo XI – Lei de Justiça, Amor e Caridade – Item I – Justiça e Direito Natural)

Mauro e eu dirigimo-nos à residência de Gabriel. Logo à chegada, observamos intensa movimentação do plano espiritual inferior. O terreno ocupado pela residência era bastante extenso, rodeado por altos muros. A entrada era limitada por enorme portão de ferro. Ao lado dele havia uma guarita que abrigava um indivíduo de aparência rude, trajado em terno escuro e portando na mão direita um cacetete, que batia continuamente na palma da mão esquerda. Longa alameda, cercada por árvores floridas e um bem cuidado jardim, levava à escadaria de mármore branco que dava acesso à larga porta de entrada da luxuosa residência. Observamos que as entidades malévolas que por ali transitavam estavam circunscritas à área da grande casa; as outras dependências gozavam de claridade especial. Nos fundos havia uma horta e um pomar que exalavam doce perfume de laranjeiras em flor.

Tudo era bem tratado e limpo; percebemos que cada detalhe fora planejado objetivando a perfeição.

Atrás do belo pomar havia uma pequena vila composta por cinco residências confortáveis e agradáveis. Eram pequenas casas circundadas por uma varanda de madeira e telhas de barro aparente. As cinco residências formavam um círculo e, no meio, delicado canteiro de flores emprestava ao ambiente uma visão singela e serena.

– Mauro, pelo que pude observar, as entidades de energia mais densa não transitam pelas áreas comuns. Concentram-se na casa ocupada pela família de Gabriel, apenas – comentei com certa admiração.

– Os membros da família de Gabriel, exceto Tiago, nem ao menos se dão ao trabalho de supervisionar o trabalho de manutenção dessas áreas. A beleza que observamos no exterior da residência deve-se à dedicação dos trabalhadores contratados, que residem nessa pitoresca vila de amigos, na manutenção da propriedade – explicou-me meu companheiro. – Gabriel, Dora e Sabrina pouco saem da grande casa e, quando o fazem, é dentro dos luxuosos carros dirigidos pelo motorista.

– Então a área externa da propriedade não está contaminada por energias negativas – concluí.

– Isso tem auxiliado para que o mal não tenha facilidade de se instalar em toda a extensão da propriedade. Os trabalhadores são amorosos e primam pela honestidade e boa vontade; dessa maneira, auxiliam a manter algum equilíbrio na pequena comunidade – esclareceu Mauro com paciência.

– E como Tiago se sente dividindo a mesma esfera fluídica criada pelos familiares? – indaguei, curioso.

– Os aposentos particulares de Tiago vibram em outra sintonia, local onde ele se abriga quando o desconforto decorrente da energia característica do restante da residência o incomoda.

– Ele tem consciência do que está acontecendo?

– Ainda não – respondeu Mauro. – Mas intui que algo mais acontece além daquilo que pode enxergar com os olhos materiais. Inclusive Flor emprestou-lhe alguns livros espíritas que têm despertado sua curiosidade em entender melhor o assunto.

– Ah! Os caminhos divinos, como são perfeitos!

– Muito! A esperança sempre se renova quando o Pai nos clama ao despertar dos nobres sentimentos, que modificam o padrão energético do globo. Podemos também estender esse bem a tantas outras situações magníficas que nos visitam a vida – comentou Mauro.

– Presenciei essa maravilha a que o amigo se refere ao término de trabalho realizado no planeta, socorrendo abençoada comunidade que muito tem evoluído moralmente, assim auxiliando a tantos – comentei, introspectivo. – A noite de Natal vista do plano espiritual é algo que ainda não consigo encontrar palavras para descrever.[1] O raiar do novo dia é sempre oportunidade de esperança para todos nós, seja qual for o plano em que estejamos mourejando.

– Quando retornamos ao corpo material, depois de abençoado período de desligamento, ou mesmo após o desencarne,

---

1. O autor espiritual se refere ao último capítulo de história relatada em *Resgate na cidade das sombras*. Lúmen Editorial (Nota da Médium.)

presenciamos o nascer de um novo dia de benéficas venturas. Realmente é esperança: esperança de fazermos novas e mais saudáveis escolhas na oportunidade do renascimento – considerou meu amigo Mauro.

Enquanto trocávamos impressões sobre o que observávamos, deslocamo-nos da área interna, dentro dos muros da propriedade, e percorremos o passeio que circundava externamente a casa. Então percebemos algumas entidades que faziam o mesmo caminho; paramos e procuramos identificar seu padrão vibratório. Ao nos aproximarmos de seu campo energético, identificamos seres que rastejavam pela vida, com dolorosas deformações perispirituais, que os afastavam das formas harmônicas da humanidade.

Logo atrás das tristes criaturas seguia enorme entidade que os guiava, semelhante ao pastor com as ovelhas. Olhou-nos mansamente e, sorrindo, cumprimentou:

– Bom dia, amigos!

Admirado, respondi com polidez, observando a cena com curiosidade. O amável irmão se aproximou de nós, emitindo ordem aos estropiados companheiros para que detivessem a caminhada.

– Desculpe minha curiosidade, mas o amigo poderia nos explicar o trabalho que ora executa? – questionei.

– Com prazer! Meu nome é Sirineu, e auxilio esses companheiros em benefício de minha própria recuperação moral. Em passado longínquo, delinqui contra as leis de Deus. Era hipnotizador a serviço dos senhores das trevas e utilizei conhecimentos da psique humana para transformar irmãos sofridos em terríveis formas zoantrópicas e licantrópicas. Num abençoado dia, tive minha consciência desperta para a gravidade de meus atos, graças à interferência de amigos que nunca se esqueceram desse ignorante espírito. Arrependido de meus desacertos, resolvi firmar propósito

pessoal de trabalhar na recuperação das "vítimas" dos desvarios pessoais e da interferência negativa daqueles ainda na retaguarda da vida – respondeu-me o sorridente Sirineu.
– Que o Senhor o beneficie com sua bênção – disse Mauro.
– Posso fazer uma pergunta a respeito do trabalho que realiza? – perguntei a Sirineu.
– Terei prazer em atender à indagação – tornou o irmão com amabilidade.
– O que fazem por estas paragens? Há um objetivo para estarem por aqui?
– Estamos na Serra da Cantareira, na cidade de São Paulo. Apesar de ser uma área urbana, ainda mantém características das matas nativas, portanto possui energia da natureza em abundância. Esses passeios que fazemos auxiliam na reciclagem energética tão necessária a meus companheiros. Após, voltaremos para a casa que nos abriga temporariamente. Eles serão acomodados em salas especiais, momento em que receberão as benditas transfusões de energia anímica, graças à boa vontade dos trabalhadores do Pai.
– Você se refere ao ectoplasma? – questionei.
– Isso mesmo, mas ainda ignoro como o processo acontece – respondeu o guardião dos irmãos necessitados, ainda imobilizados pela ordem inicial.
– Com o pouco conhecimento que tenho, poderei tentar explicar ao amigo – tornei feliz por poder ser útil.
– Ficarei feliz com a explicação que puder me dar a respeito – respondeu Sirineu.
– A ideia que vou transmitir, tirei-a da leitura do livro de André Luiz, *Missionários da luz*, psicografia do amigo da humanidade, Francisco Cândido Xavier. O ectoplasma tem sua característica básica entre a matéria densa e a matéria perispirítica. Podemos dizer

que é o produto emanado pela alma e filtrado pelo corpo, e é próprio de todas as formas vivas da natureza. Na raça humana, dependendo das características fisiológicas do organismo, poderá ser em maior ou menor quantidade, e em alguns casos é o veículo de manifestação aos efeitos físicos. O ectoplasma pode ser descrito como uma massa protoplásmica, amorfa, muito potente e de considerável vitalidade, condutora de eletricidade e magnetismo, sempre subordinada ao pensamento e à vontade de quem a exterioriza, ou mesmo ao trabalho de acondicionamento e aplicação de irmãos na espiritualidade, preparados para manusear essa substância admirável – esclareci.

– André Luiz – completou Mauro – faz um alerta sobre a responsabilidade dos encarnados e dos desencarnados na utilização desse fantástico material de trabalho, pois mal utilizado pode gerar danos inimagináveis.

– A conversa está muito estimulante, mas preciso ir andando. Meus tutelados já mostram sinais de cansaço – comentou Sirineu.

Olhamos em direção aos sofridos espíritos ainda sentados na calçada, obedientes à ordem de Sirineu. As cabeças pendiam em direção ao peito e os olhos espelhavam terrível cansaço.

Sirineu emitiu uma ordem mental e logo agradável entidade veio encontrá-lo em um veículo equipado com confortáveis poltronas, semelhante a um micro-ônibus do plano material, onde os adoentados foram amorosamente acomodados. Sirineu nos acenou com alegria e partiu levando consigo os seus mais queridos amigos.

Mauro comentou, olhando-me emocionado:

– Ah, os caminhos do Pai! Um dia somos os auxiliados e no outro estamos conscientes da necessidade de auxiliar, para entrarmos em abençoado processo de recuperação e evolução moral.

3

As Amazonas da Noite

875. Como se pode definir a justiça?
A justiça consiste no respeito aos direitos de cada um.

875-a. Que determina esses direitos?
São determinados por duas coisas: a lei humana e a lei natural. Tendo os homens feito leis apropriadas aos seus costumes e ao seu caráter, essas leis estabeleceram direitos que podem variar com o progresso. Vede se as vossas leis de hoje, sem serem perfeitas, consagram os mesmos direitos que os da Idade Média. Esses direitos superados, que vos parecem monstruosos, pareciam justos e naturais naquela época. O direito dos homens, portanto, nem sempre é conforme a justiça. Só regulam algumas relações sociais, enquanto na vida privada há uma infinidade de atos que são de competência exclusiva do tribunal da consciência.

(O Livro dos Espíritos – Livro III – As Leis Morais – Capítulo XI – Lei de Justiça, Amor e Caridade – Item I – Justiça e Direito Natural)

Enquanto conversávamos com Sirineu, percebemos a chegada de estranha entidade que ficou a nos observar. Era a figura de uma mulher. Apesar das deformações aparentes, notamos que ainda trazia traços belíssimos e harmônicos da última encarnação. Estava vestida com farrapos, mas sua postura era prepotente e orgulhosa. Observava-nos de longe, mas podíamos sentir o antagonismo em seus olhos. Resolvemos nos aproximar mansamente. Assim que notou nossa intenção, sorriu com sarcasmo e desapareceu em densa nuvem energética. Nesse momento, algumas das entidades que por ali estavam passaram a emitir estranho som, semelhante a um lamento doloroso, que nos trouxe lágrimas aos olhos.

Voltamos ao posto de socorro e pedimos a nossos amigos de trabalho que viessem ter conosco, para uma reunião, momento em que os colocaríamos a par do futuro atendimento fraterno em que mourejaríamos.

Logo após a reunião e decididas as providências a serem tomadas, dirigi-me ao planeta para visitar amigos de minha última encarnação.

Emocionado, entrei na residência de caro amigo, hoje com mais de oitenta anos, e esperei por seu cochilo noturno diante da televisão. Quando abriu os olhos do espírito e me viu a seu lado, abraçou-me carinhosamente e contou-me suas últimas peripécias. Admirado, notei a chegada de Ineque e de companheiros que auxiliam aqueles para quem chegou a hora da partida. Fitei meu amigo de labores socorristas, e este, sorrindo, indagou:

– Quer nos auxiliar nesse atendimento a seu querido amigo?

Apenas anuí com a cabeça, em difícil exercício de conter a forte emoção que invadiu meu peito. Meu amigo segurou minhas mãos e mencionou com alegria no olhar:

– Mais uma aventura que poderei desfrutar com você.

Eu o abracei com muito amor e carinho, enquanto os amigos o auxiliavam a adormecer serenamente em meus braços.

No plano espiritual, sentado ao lado da cama que o acolhia, orava com fervor, e pensei maravilhado que em breve poderíamos de novo desfrutar da companhia um do outro. Orei por todos que permaneceriam na matéria e sentiriam saudade de sua presença, para que a esperança no futuro, de estarmos sempre juntos, embora distantes da visão material, alimentasse-os em delicada e produtiva caminhada.

Nesse instante Messiota, querida companheira e esposa de minha última experiência na matéria, entrou no humilde aposento e sorridente abraçou-me com carinho.

– Como está meu amigo? – perguntou-me carinhosamente.

– Feliz e ao mesmo tempo entristecido. O desencarne ainda não está totalmente assimilado por mim. A nostalgia do velho e rançoso conceito de morte ainda mantém algumas raízes em minhas emoções – devolvi-lhe, sorrindo debilmente.

– Entendo o que diz. Quando soube da notícia da vinda do amado amigo também senti estranho aperto no coração. Apesar de estarmos vivendo no mundo dos espíritos, a sensação de perda ainda persiste no subconsciente. São sensações de outras experiências, dos momentos de ignorância da vida eterna, que acabam aflorando em tais ocasiões – esclareceu Messiota.

– Estou feliz por vê-la bem e serena – comentei, observando o semblante tranquilo de minha amiga.

– A cada dia me fortaleço no conhecimento do mundo que o Pai nos oferta para que vivenciemos as maravilhas dos sentimentos mais nobres. Assim, sinto-me mais liberta de antigas amarras – replicou-me a adorável criatura.

– E seus planos para o futuro? Já tem formadas as ideias do que vai provar? – inquiri com curiosidade.

— Solicitei encarnação para breve. Aguardo apenas a decisão do departamento responsável. Espero ser contemplada com a permissão devida, e assim buscar novas conquistas morais.

Com carinho, abracei a incomparável amiga.

Messiota aproximou-se do recém-chegado ao mundo dos espíritos; abraçou-o amorosa, desejando-lhe um feliz reinício. Beijou-o fraternalmente na testa, sorriu-me e, acenando, foi-se em busca da própria caminhada.

Permiti que sereno pranto molhasse meu rosto e notei, encantado, que o velho ranço do passado havia se dissipado com as lágrimas. Olhei para o querido amigo, ainda adormecido, e percebi que conseguia vê-lo como renascido e não mais como "morto".

Simpática senhora entrou no aposento e me alertou:

— Transmito recado ao amigo de um companheiro de labor, que pediu para questionar se já está pronto para retornar ao trabalho.

Sorridente, levantei-me da confortável poltrona onde jazia havia boas horas e, feliz, abracei a mensageira.

— Com certeza já passa da hora! Ficará por aqui?

— Olharei por seu amigo e lhe transmitirei seu afeto assim que acordar desse abençoado sono reparador.

Tranquilo, voltei ao posto de socorro junto à casa espírita Caminheiros de Jesus para encontrar-me com os companheiros de trabalho. Assim que entrei no salão físico da formosa casa de oração, encantei-me com o grupo que se reunia para estudar *O Evangelho Segundo o Espiritismo* e *O Livro dos Espíritos*. Havia paz e harmonia no ar, trazendo a meu espírito necessitado conforto e alegria.

Fui saudado por Ana e Inácio, que estavam à minha espera e, durante a minha ausência, haviam distribuído funções àqueles que participariam do socorro à família de Gabriel. Fui designado junto à dupla já nomeada para auxiliar a irmã que havíamos encontrado por ocasião da primeira visita à residência dos atendidos.

– Já sabemos algo a respeito dessa entidade? – indaguei aos amigos.

– Apenas que é habitante de uma cidadela umbralina onde se reúnem espíritos bastante ignorantes que são dirigidos por um grupo de mulheres que se intitulam Amazonas da Noite. São conhecidas no submundo espiritual por sua cultura, força bruta e maldade. São exímias hipnotizadoras e manipuladoras das artes das trevas. Há muito os espíritos melhores mourejam nessa comunidade procurando despertar consciências, mas até o momento essas mulheres têm se mostrado indiferentes às oportunidades apresentadas – respondeu Inácio.

– E quanto ao nome Amazonas da Noite? Tem relação com a lenda? Como surgiu a ideia para esse grupo? – inquiri.

– Na mitologia grega, amazonas eram mulheres caçadoras e guerreiras que habitavam as margens do rio Termodonte, na Ásia Menor. Capturavam e escravizavam homens – tornou-me Inácio.

– Segundo a lenda, a maior cidade fundada por essa comunidade foi Éfeso, onde foi construído o maior templo de adoração a Ares e a Ártemis – completei com o pouco que sabia do assunto. – Ares, deus guerreiro e sanguinário, não possuía preferências nas guerras; participava das matanças apenas por gosto, enquanto Ártemis, irmã gêmea de Apolo, era cultuada como protetora das florestas e também como guerreira justa e amorosa. Ambos eram filhos de Zeus: Ares, filho de Hera; e Ártemis, filha de Letó. A lenda relata que Hipólita, rainha das Amazonas, foi morta por Hércules, que ambicionava possuir seu cinto mágico. Tal passagem consta dos Doze Trabalhos de Hércules.

– Acredito que as habitantes da cidadela das Amazonas da Noite têm em comum com a antiga sociedade o espírito belicoso e agressivo, e nos foi informado que aprisionaram um número considerável de espíritos na forma masculina, tratando-os como escravos. A entidade que foi vista pelos amigos se autodenomina Pentesileia, nome de uma rainha amazona da lenda grega, irmã de Hipólita, que teria participado como guerreira da Guerra de Troia e sido vencida por Aquiles, que lhe fincara a espada no peito. Em seguida, arrependido e encantado pela bela mulher, tentara reparar o mal, mas já era tarde. Quanto ao envolvimento dela com o caso que nos foi trazido pelo amigo Mauro, ainda não temos conhecimento de nada – explicou Inácio.

– O que sugere de imediato? – indaguei a meu amigo.

– Já contatamos uma equipe de trabalhadores sediados em posto de socorro próximo à cidadela. Esperam-nos para uma primeira visita – falou o solícito companheiro.

– Desculpe-me, mas estava afastado dos trabalhos e ignoro algumas informações relacionadas ao caso. Vamos somente nós três? – perguntei.

– Não, Maurício também vai. Então nos reuniremos ao grupo que já mencionei. Combinamos de nos encontrarmos na casa de Gabriel. Podemos partir? – indagou Inácio.

Com nossa concordância, minha e de Ana, deslocamo-nos para a casa mencionada.

Dora acabava de chegar e encontrara Sabrina caída à entrada da mansão, acometida por grave crise convulsiva. A menina gemia e ardia em febre. A mãe, apavorada, gritava:

– Socorro, alguém me ajude. Sabrina está passando mal.

Imediatamente, Flor e o motorista apareceram. Sabrina mostrava no semblante uma expressão de pavor; a palidez que a acometia era preocupante. Flor ajoelhou-se a seu lado e, tomando as mãos da moça entre as dela, sentiu-a gelada e suarenta. Séria, dirigiu-se a Adelson:

– Por favor, chame o resgate médico. No painel da cozinha há uma relação com telefones de emergência. Por favor, Adelson, seja rápido.

Após alguns minutos, o veículo de resgate estacionava à frente da casa. Os paramédicos passaram a cuidar da menina. Durante os minutos que transcorreram desde a nossa chegada, identificamos a densa energia que envolvia o pequeno grupo; uma entidade de aspecto burlesco ligava-se à mente de Sabrina e, semelhante a um vampiro, sugava, sem interrupção, sua energia. Mauro aproximou-se da infeliz criatura e rápido passou a isolar a influência nefasta. Lentamente, ela virou-se em direção ao amigo e saltou sobre ele, como um ferino furioso e ferido. Mauro, erguendo as mãos, imobilizou-a no ar. Aproximamo-nos e passamos à dispersão fluídica; sua aparência terrificante, então, foi-se diluindo até que nada mais restasse, além de sofrida figura, semelhante à doente caricatura da vida. Ana abraçou-a amorosamente e, auxiliada por irmãos socorristas, transportou-a para um lugar melhor.

Apesar de estar livre da influência malévola, Sabrina continuava apresentando sintomas físicos preocupantes como taquicardia, arritmia cardíaca, hipertensão, sudorese, convulsão e febre alta. O termômetro marcava preocupantes 39,8 graus centígrados. O paramédico, examinando suas pupilas, percebeu que estavam dilatadas, característica do uso excessivo de substâncias químicas. Penalizado, encarou Dora e perguntou:

– A senhora é a mãe da jovem?

Dora acenou em um movimento afirmativo.

— Precisamos transportá-la para o hospital imediatamente – o rapaz continuou. – A senhora nos acompanha?
— Não sei o que fazer! Estou sem ação! Flor, por favor, vá com ela. Vou tentar achar Gabriel.
— Dona Dora, a senhora é a mãe de Sabrina! Vá, e eu encontro o sr. Gabriel!
— Não consigo, Flor. Por favor, ajude-me!

Flor olhou para o paramédico, que lhe fez um sinal afirmativo, e para Adelson, que prontamente se dispôs a cuidar de Dora e localizar Gabriel.

Durante o trajeto para o hospital, Sabrina sofreu duas paradas cardíacas. O organismo, levado a extremo esforço pela grande quantidade de drogas ingeridas, sucumbia. Flor orava e pedia a Deus que os socorresse nesse momento de aflição. Olhava a menina pálida, de faces encovadas, que lutava pelo pouco que lhe restava de vida, e notou, admirada, toda a movimentação dos espíritos ao redor.

Com as emoções fervilhando, desdobrou com facilidade e correu em socorro da jovem que amava com carinho, abraçando-a e protegendo-a. Em dedicado desvelo, tentava livrá-la do assédio de entidades desesperadas para usufruir o fluido vital que seu corpo jovem retinha.

Flor viu-se cercada por intensa luz que vinha do alto e soube naquele momento que recebia auxílio para que pudesse continuar. Com tranquilidade, deixou-se invadir por intenso bem-estar e, com firmeza, doou-o a Sabrina com toda a força que seu coração conseguiu emanar. Sabrina, perdida nas trevas da própria ignorância, tentava se mexer e gritar por socorro, mas não conseguia. Em desespero, pensou em Deus e pediu ajuda. De imediato sentiu o perfume de Flor e se agarrou a essa sensação de conforto. Um intenso choque percorreu todo o seu corpo. Em agonia, abriu os olhos e viu a amiga sentada em uma poltrona à esquerda, de olhos fechados. Sabrina ergueu a mão com dificuldade e a tocou.

– Flor, Flor!

Os paramédicos que cuidavam dela respiraram aliviados. Flor abriu os olhos e sorriu para Sabrina.

– Estou aqui, meu bem! Estou aqui!

4
Trágica notícia

876. *Fora do direito consagrado pela lei humana, qual a base da justiça fundada sobre a lei natural?*

O Cristo vos disse: "Querer para os outros o que quereis para vós mesmos". Deus pôs no coração do homem a regra de toda a verdadeira justiça, pelo desejo que tem cada um de ver os seus direitos respeitados. Na incerteza do que deve fazer para o semelhante, em dada circunstância, que o homem pergunte a si mesmo como desejaria que agissem com ele. Deus não lhe poderia dar um guia mais seguro que a sua própria consciência.

O critério da verdadeira justiça é de fato o de se querer para os outros aquilo que se quer para si mesmo, e não de querer para si o que se deseja para os outros, o que não é a mesma coisa. Como não é natural que se queira o próprio mal, se tomarmos o desejo pessoal por norma ou ponto de partida, podemos estar certos de jamais desejar ao próximo senão o bem. Desde todos os tempos e em todas as crenças o homem procurou sempre fazer prevalecer o seu direito pessoal. O sublime da religião cristã foi tomar o direito pessoal por base do direito do próximo.

(O Livro dos Espíritos – Livro III – As Leis Morais – Capítulo XI – Lei de Justiça, Amor e Caridade – Item I – Justiça e Direito Natural)

Acompanhamos o veículo de socorro, isolando o ambiente fluídico, para que a equipe médica pudesse realizar o trabalho de auxílio à sofrida criatura.

Adelson entrou em contato com Gabriel, colocando-o a par do acontecido. Este, em estado de ansiedade e preocupação, dirigiu-se de imediato ao hospital para onde a filha estava sendo transportada. Dora chorava e se desesperava, sem conseguir se controlar. Adelson achou por bem pedir ajuda à irmã da senhora, que também bastante preocupada encaminhou-se para lá.

Equipes socorristas logo entravam na grande casa, controlando os visitantes espirituais que se compraziam com o sofrimento alheio.

O veículo de resgate aportou à entrada da emergência de um grande hospital. Sabrina, ainda sob o efeito das drogas, o corpo reagindo de maneira violenta ao estresse sofrido, balbuciava incoerências e se agarrava à mão de Flor, sentindo que a presença da amiga lhe trazia conforto e segurança.

A menina foi levada a uma sala de emergências médicas e socorrida pelos dois planos. O médico instruía a equipe; bendiazepínicos foram ministrados em doses complementares, pois já haviam sido utilizados pela equipe de resgate com a intenção de controlar as convulsões, o que também beneficiava a melhora do quadro de hipertensão e taquicardia. Após alguns minutos as convulsões cessaram, porém a pressão se mantinha fora dos padrões normais e a taquicardia persistia.

O médico de plantão solicitou o auxílio de um cardiologista, que prontamente compareceu ao local e passou a examinar Sabrina, avaliando a necessidade do uso de nitratos e betabloqueadores para controlar a pressão arterial e os batimentos cardíacos. Nesse momento, Gabriel entrou na emergência do hospital, e Flor foi a seu encontro, colocando-o a par dos últimos acontecimentos. Apalermado, o pai dirigiu-se à sala onde estava a menina.

— Sou o pai de Sabrina — anunciou ao enfermeiro que tentava bloquear sua entrada na sala.

O cardiologista instruiu o colega após examinar Sabrina e caminhou em direção a Gabriel.

— Meu nome é Antônio, sou cardiologista. Meus serviços foram solicitados pelo dr. Hermes, médico de plantão — esclareceu, dirigindo-se a Gabriel e a Flor.

— E minha filha, doutor? O que aconteceu com ela? — perguntou Gabriel em aflição.

— Sua filha foi trazida pela equipe de emergência com sintomas graves de overdose de cocaína — replicou o médico.

— Drogas? Drogas?!! Não é possível. O senhor está enganado... Minha filha não usa drogas — respondeu Gabriel com agressividade.

— Calma, sr. Gabriel. Deixemos que o médico nos explique o estado de saúde de Sabrina. Em seguida, conversamos sobre esse assunto — sugeriu Flor, tocando quase imperceptivelmente o braço do patrão.

— Desculpe, senhor, mas preciso colocá-lo a par do ocorrido, pois dependemos de sua autorização para continuar o tratamento que sua filha necessita — explicou Antônio.

— Por favor, faça o que for preciso, mas salve minha filha — pediu Gabriel, as lágrimas escorrendo-lhe pelo rosto.

— Como já disse, Sabrina chegou aqui com sintomas graves de overdose. Acreditamos que por cocaína, devido aos sintomas. As convulsões foram controladas por bendiazepínicos, substâncias calmantes que também controlam outros sintomas graves, como hipertensão e taquicardia; porém, para Sabrina não foi suficiente. Ela continua com a pressão arterial alterada e com grave taquicardia. Precisamos administrar nitratos e betabloqueadores, pois ela corre o risco de infartar.

— Então faça logo, doutor! — tornou Gabriel.

— O senhor precisa saber que ela corre graves riscos. Apesar de nitratos e betabloqueadores serem uma solução, são também um risco. — O pai de Sabrina fez menção de interrompê-lo, mas Antônio continuou: — Por favor, não me interrompa. Tenho pouco tempo para tomar uma decisão, e preciso explicar os procedimentos que serão efetuados. Como dizia: quando se utiliza o betabloqueio durante intensa estimulação catecolaminérgica, pode haver como consequência uma supervasoconstrição, que tornará pior a crise hipertensiva, portanto, usarei um betabloqueador seletivo associado a um vasodilatador, o nitroprussiato. Esse procedimento pode salvar a vida de Sabrina ou piorar seu estado, pois ela já chegou em estágio avançado de desequilíbrio orgânico.

— Não há alternativa? — indagou Flor.

— Infelizmente, não, minha senhora. Agora, o que podemos fazer é tratar os sintomas e torcer para que a paciente reaja de maneira positiva. Posso adotar os recursos que descrevi ao senhor? — quis saber Antônio.

Gabriel, embargado, apenas anuiu. O doutor voltou com rapidez à sala de emergência.

Os minutos transcorriam com terrível lentidão para Gabriel e Flor, que aguardavam na sala de espera. Enquanto isso, na sala de emergência a equipe médica lutava por manter Sabrina viva, porém o organismo debilitado sucumbiu a um infarto do miocárdio.

No plano espiritual, a menina se debatia, presa a um corpo material debilitado, e em desespero chorava e pedia auxílio. Irmãos socorristas aproximaram-se e a isolaram de um mundo ávido em vampirizar o fluido vital, substância característica aos organismos materiais. Após o isolamento da matéria, os socorristas permaneceram ao lado de Sabrina, ainda presa ao corpo físico e bastante agitada.

Antônio e Hermes permaneceram alguns minutos na sala de emergência, enquanto os enfermeiros limpavam o corpo de Sabrina, minimizando assim o doloroso quadro que Gabriel e Flor iriam presenciar.

– Senhor Gabriel – chamou Antônio.

Imediatamente, Flor e Gabriel se levantaram e foram em direção aos médicos. Gabriel observou a expressão consternada dos doutores. Sem que fosse necessário lhe darem a terrível notícia, caiu ajoelhado no chão, cobrindo o rosto em desespero.

– Não! Isso é castigo! – gritou.

No auge da emoção, arquejou sob o peso da dor. Logo foi socorrido e medicado. Fragilizado e portador de complicações cardiológicas, foi vítima de um infarto que o manteve inconsciente e internado na UTI coronária do hospital.

Flor, sozinha naquele momento, de novo pediu auxílio ao Pai, e uma paz amigável envolveu-a amorosamente. Antônio, penalizado, aproximou-se.

– A senhora precisa de ajuda? Com seu marido impossibilitado, se precisar, estou deixando meu plantão agora.

– Ele não é meu marido. Trabalho na casa dele. Dora, a esposa do sr. Gabriel, está em casa e também em estado lamentável. Preciso entrar em contato com o cunhado de dona Dora. Ele poderá tomar as providências necessárias quanto a Sabrina.

Preciso ir embora para dar a notícia à mãe dela. Oh, meu Deus – clamou Flor, cedendo enfim à agitação emocional que vivera nas últimas horas.

Antônio a amparou em um abraço caloroso.

– Levo a senhora a sua casa e a acompanho. Poderei ser útil como médico. Qual é o seu nome, por favor?

– Chamo-me Flor.

Antônio a olhou encantado. "Não poderia ser outro nome", pensou. "Ela tem um rosto comum, mas seus olhos espelham o que de mais bonito tem no mundo."

Flor aceitou a oferta do médico e se dirigiram então à casa de Gabriel e Dora. Durante o trajeto, Flor ligou do celular para o cunhado de Dora, Claudio, que, consternado e entristecido pelos últimos acontecimentos, chorou sentido e agradeceu Flor pelo cuidado, prometendo ir ao hospital tratar da remoção do corpo de Sabrina para uma casa funerária, após os procedimentos legais necessários nesses casos, e também da internação de Gabriel, que ainda permanecia na UTI do hospital.

Flor entrou na residência acompanhada por Antônio. Em sala mobiliada com confortáveis poltronas estavam Dora e Eloá, sua única irmã, e Adelson em pé a um canto, com os olhos marejados de lágrimas. Eloá trocou um olhar com Flor, e a cozinheira percebeu que a outra já sabia do desencarne de Sabrina.

– Flor, o que está fazendo aqui? Sabrina também veio? Quem é esse senhor? É o médico que atendeu minha filha?

– Calma, dona Dora. Sente-se de novo, por favor – pediu Flor.

– O que aconteceu? Por que Sabrina não entra? Ela precisou ficar internada? Gabriel está com ela? E por que esse médico está aqui? – indagava Dora, uma pergunta atrás da outra, exaltada e em aparente desespero.

Antônio aproximou-se e, com serenidade, ajudou-a a se sentar.

– Calma, senhora, vai ficar tudo bem – quase sussurrou. – Flor, pode me dar minha valise?

Dora o olhava com expressão apalermada. Estendeu as mãos e soltou num fio de voz:

– Minha filha morreu!

Cruzou as mãos sobre o peito e passou a balançar o corpo para frente e para trás, em um movimento intermitente.

Antônio medicou-a e, tomando-a nos braços, pediu que Flor lhe indicasse o caminho do quarto. O médico a depositou na cama, já em profundo sono medicamentoso.

Eloá entrou no quarto em pânico.

– Flor, Flor, pelo amor de Deus! Tiago e sua filha estão chegando da escola. Você precisa falar com ele; não sei como fazer isso.

Flor, com um gesto, indicou que se acalmasse. Dirigiu-se à porta, então retrocedeu alguns passos. Olhando significativamente para Antônio, obteve esta resposta:

– Não se preocupe, eu fico com elas. Se precisar de mim, por favor, me chame.

Flor desceu as escadas. O corpo tremia sob o efeito da tensão. Tentava pensar na maneira menos cruel de dar a notícia a Tiago, e não conseguia sequer imaginar como iniciaria a conversa. Parou, elevou o pensamento a Deus e orou:

– Deus, auxilie-me. Permita que eu ouça a voz de Seus anjos abençoados e fale com amor e serenidade com esse jovem incomum. Que Seus anjos o amparem e auxiliem a manter a mente e as emoções equilibradas, a fim de superar os momentos dolorosos.

Após a singela conversa com o Pai, Flor abriu os olhos e, com firmeza e doçura, desceu as escadas e se dirigiu à cozinha, local indicado por Adelson quando o interrogara sobre a presença dos jovens.

Assim que Flor entrou na cozinha, Alice, ao olhá-la, franziu o cenho e saltou da cadeira em sua direção.

– Mãe, o que você tem? Aconteceu alguma coisa? Tiago levantou-se também de imediato, aflito.

– Onde está minha irmã? Onde está Sabrina?

Flor o fitou com lágrimas escorrendo pelo rosto, e ele, aos prantos, perguntou:

– Ela se foi, não é? Falei para Alice hoje à tarde que sentia como se Sabrina estivesse morrendo. Eu a vi dentro de um resgate, depois na sala de socorro de um hospital sendo ressuscitada. Oh, Deus! Pensei que fosse coisa da minha cabeça. Ontem, quando falei com meus pais sobre ela, foi porque sonhei que estava usando muitas drogas. Foi esse o motivo da morte, não foi?

Flor confirmou com um aceno de cabeça e depois, com Alice, abraçou-o carinhosamente, enquanto Tiago soluçava em melancólico desconsolo.

Eu e Ana os envolvemos em doces energias reconfortantes e, emocionados, participamos do pranto sentido.

5
Uma especial Flor

877. *A necessidade de viver em sociedade acarreta para o homem obrigações particulares?*

Sim, e a primeira de todas é a de respeitar os direitos dos semelhantes; aquele que respeitar esses direitos será sempre justo. No vosso mundo, onde tantos homens não praticam a lei de justiça, cada um usa de represálias e vem daí a perturbação e a confusão da vossa sociedade. A vida social dá direitos e impõe deveres recíprocos.

(O Livro dos Espíritos – Livro III – As Leis Morais – Capítulo XI – Lei de Justiça, Amor e Caridade – Item I – Justiça e Direito Natural)

Depois de horas, que pareceram se arrastar lentamente, o corpo de Sabrina foi liberado para o velório. Gabriel ainda se encontrava internado em estado grave, sob forte sedação. Dora, em estado de choque, também precisou ser internada e sedada. Tiago, amparado por Claudio, Flor, Alice e Antônio, via-se ao menos confortado nessa ocasião de extrema dor.

– Flor, sinto uma grande angústia, o que faço? O que posso fazer por Sabrina?

– Vamos orar por ela, para que os anjos do Senhor a recebam com carinho e cuidem dela com desvelo.

Antônio, presenciando a cena, aproximou-se e comentou, inspirado pelo companheiro espiritual:

– Posso falar com vocês um instante? – Diante do semblante entristecido dos dois amigos, fechou com rapidez os olhos, elevando o pensamento a Deus e solicitando auxílio para aquele momento de caridade. – A vida é eterna e repleta de oportunidades. Hoje, Sabrina partiu do mundo material em direção à verdadeira morada, a morada dos espíritos de Deus. Embora nos pareça nesse momento que tudo está errado, e estejamos ainda inconformados com tanto sofrimento, vai chegar a ocasião em que a dor estará dominada pela compreensão do verdadeiro sentido do viver. Sabrina, agora, precisa de nossa boa vontade e equilíbrio, para que possa, por sua vez, entender o que está acontecendo. Desse modo, vai se fortalecer e lutar para se tornar um espírito melhor. O desencarne aconteceu de maneira violenta e triste, eu sei, mas, com nossas orações conscientes, poderemos auxiliá-la. Vocês parecem ter algum entendimento sobre o que falo, então os convido à belíssima oração pelos que partiram, que está n´*O Evangelho Segundo o Espiritismo*.

Alice também se aproximou e os quatro amigos sentaram-se ao redor da mesa mortuária. Antônio, que sempre carregava o Evangelho, passou a gratificante leitura e prece.

> *Senhor Todo-Poderoso, que vossa misericórdia se derrame sobre os nossos irmãos que acabam de deixar a Terra! Que brilhe a vossa luz aos seus olhos! Tirai-os das trevas, abri os seus olhos e seus ouvidos! Que os Bons Espíritos os envolvam e os façam ouvir suas palavras de paz e de esperança! Senhor, por mais indignos que sejamos, temos a*

ousadia de implorar a sua misericordiosa indulgência em favor dessa nossa irmã que acabais de chamar do exílio. Fazei que o seu retorno seja o do filho pródigo. Esquecei, oh!, meu Deus, as faltas que tenha cometido, para vos lembrardes somente do bem que tenha podido fazer! Imutável é a vossa justiça, bem o sabemos, mas imenso é o vosso amor! Nós vos suplicamos que abrandeis a vossa justiça pela fonte de bondade que emana de vós!

Que a luz se fará para ti, minha irmã que acaba de deixar a Terra! Que os Bons Espíritos do Senhor venham socorrer-te, envolvendo-te e ajudando-te a sacudir para longe as tuas cadeias terrestres! Vê e compreende a grandeza de nosso Senhor; submete-se sem queixas à sua justiça; mas jamais te desesperes da sua misericórdia. Irmã! Que um profundo exame do teu passado te abra as portas do futuro, fazendo-te compreender as faltas que deixaste para trás, bem como o trabalho que te espera, para que possas repará-las! Que Deus te perdoe, e que os teus Bons Espíritos te amparem e encorajem! Teus irmãos da Terra orarão por ti, e te pedem que ores por eles.

(O Evangelho Segundo o Espiritismo – Capítulo XXVIII – Coletânea de Preces Espíritas – Item IV – Preces pelos Espíritos – Para logo após a morte - Item 60)

Após a leitura da prece, o bondoso médico convidou a todos para a oração que nosso Mestre Jesus nos ensinou, o pai-nosso.

Sabrina, ainda presa a terrível estado de perturbação, recebeu a formosa petição em forma de energia calmante. A mente, conturbada pelos últimos acontecimentos, e ainda beirando o pânico, acalmou e ela enfim adormeceu. A equipe espiritual que a assistia procedeu ao desligamento dos últimos pontos de união com a matéria e a transportou para um hospital na espiritualidade.

O longo dia chegou ao fim. Exaustos com os últimos acontecimentos, após o enterro do corpo material de Sabrina, todos retornaram à grande casa. Flor acompanhou Tiago até o quarto e o auxiliou a deitar na cama, prometendo que iria voltar com uma xícara de chá e uma fatia de bolo.

Antônio, que até o momento não havia se afastado dos novos amigos, encontrava-se sentado em confortável poltrona ao lado de Alice. Flor entrou na sala e se encaminhou para os dois.

– Desculpem a demora. Fiquei penalizada em deixar Tiago sozinho. Vou preparar um lanche para nós.

– Não se preocupe comigo, Flor. Preciso ir para casa, tomar um banho e me trocar. Tenho plantão daqui a duas horas – constatou o médico, consultando o relógio.

– O senhor não descansou nada e ainda vai trabalhar? – indagou Flor, o semblante franzido em consternação.

– Não se preocupe, estou acostumado. E, por favor, não precisa me chamar de doutor ou senhor, apenas Antônio basta. Ou, melhor, Toni, como me chamam os amigos – replicou o médico com um sorriso.

– Pelo menos tome um lanche conosco, depois você vai. Ontem pela manhã minha mãe fez um bolo de chocolate irresistível – convidou Alice.

– Diante dessa tentação... acho que aceitarei – concordou Toni.

Flor e Alice prepararam o lanche. A menina, inconformada com a solidão de Tiago, foi buscá-lo, e ele, cedendo à insistência da amiga, acabou aceitando o convite e se juntou ao grupo.

Após as despedidas do novo amigo, Flor perguntou a Tiago se ele ficaria bem na grande casa, pois ela e Alice precisavam descansar. O rapaz, encarando-as, pediu que lhe permitissem ir com elas à pequena residência localizada no final do pomar.

Flor, penalizada, concordou com o pedido de Tiago e acabou por estender colchões na sala de visitas da casa, e os três adormeceram.

Os dias foram passando, mas Gabriel e Dora continuavam internados; não reagiam de maneira adequada à medicação. Gabriel recusava-se a falar sobre o acontecido com Sabrina. Nas horas de visita, na UTI coronária, Tiago esforçava-se, em vão, por animá-lo. Dora entrou em grave processo depressivo. Não tinha ânimo para nada, recusava-se aos procedimentos de higiene e também a se alimentar. Com o corpo físico debilitado, estava sendo mantida em soro intravenoso.

Toni, em uma das visitas feitas aos novos amigos, apiedado pela tragédia que se abatera sobre aquela família, comentou com Flor que era espírita e que acreditava haver um processo obsessivo somado às consequências dos tristes acontecimentos. Flor e Alice se interessaram pelo assunto e o incentivaram a prosseguir com os esclarecimentos.

– Por que você acredita nisso? – perguntou Flor.

– Sou médium e tenho sensibilidade para reconhecer a qualidade dos fluidos. Tenho acompanhado o caso de Gabriel e de Dora, e, quando me aproximo dos dois, sinto terrível mal-estar, como se estivesse sendo perpassado por mil adagas. Necessito de maior esforço para me concentrar, faço orações constantes, mas percebo uma energia densa e malévola. Chego a ensaiar uma infeliz sensação de medo, que me incomoda em demasia – explicou Toni.

– Desculpe, não estou entendendo quase nada. Você poderia esclarecer o que são esses fluidos dos quais falou? – quis saber Alice.

Nesse momento Tiago chegou à casa de Flor e pediu licença para entrar.

– Será que posso ficar aqui com vocês? Estava tentando estudar, mas não consigo. Tenho a impressão de que há uma infinidade de vozes gritando em minha cabeça, e, para cada canto que olho, parece haver uma mulher me encarando. Estou ficando com medo.

– Você sempre tem essas sensações? – inquiriu Toni.
– Eram diferentes; não eram ruins. Uma vez, minha avó Helena, mãe de minha mãe, que era espírita, contou-me que precisava desenvolver minha mediunidade, mas meus pais achavam isso uma besteira e a proibiram de me levar ao centro espírita. Depois ela morreu e nunca mais falamos nisso – tornou Tiago.
– Estávamos falando justamente a respeito, e o Toni ia nos explicar algumas coisas sobre fluidos – disse Alice.
– Gostaria muito de ouvir suas explicações. Minha avó conversava bastante comigo sobre essas coisas, algo que me fazia muito bem – falou Tiago.
– Você sabe que é sempre bem-vindo em nossa casa. Por favor, Toni, continue – pediu Flor.
– Explicarei da maneira mais simples que conseguir, está bem? Tudo o que vemos tem origem na mesma fonte, o fluido cósmico universal. É considerado o plasma divino, o elemento primordial em que tudo vibra e vive. O elemento mais simples ao mais sofisticado do Universo têm origem nesse fluido. Ele pode ser considerado o princípio material de todo o Universo, de onde derivam todas as coisas tangíveis nos estados gasoso, líquido e sólido, e também no estado fluídico, o fluido espiritual que é sensível ao pensamento e à vontade dos espíritos – esclareceu Toni.
– Se é sensível ao pensamento, também tem características do pensamento? – indagou Tiago.
– Isso mesmo. Citarei algumas leis da física: se há afinidade de qualidade entre os fluidos, ocorre a sintonia vibratória; e, se há o fenômeno da sintonia vibratória, acontece a compensação dessas ondas de energia. Se mantivermos boa qualidade vibratória, somamo-nos a outras ondas de igual teor; porém, se o padrão vibratório é de péssima qualidade... permanece a lei das afinidades.

– Quer dizer que estamos envoltos em fluidos de má qualidade? – inquiriu a cozinheira.

– Mas por que isso? – Alice reforçou o questionamento da mãe.

– O Espiritismo defende que vivemos múltiplas encarnações até o momento atual, e nessas experiências pretéritas convivemos com toda sorte de espíritos, sempre aqueles que se afinizavam com nossa sintonia vibratória – continuou Toni. – Em algumas situações, comprometemo-nos de maneira dolorosa com alguns deles. Ocorre que, se esses espíritos, a quem ofendemos com nossas ações, permanecerem nas trevas da ignorância, alimentando sentimentos negativos a nosso respeito, como o desejo de vingança, em algum momento de nossas vivências nos será ofertada a oportunidade de nos acertarmos com eles. Como sua intenção não é das melhores, esperam com paciência que nosso padrão vibratório caia, deixando-nos à mercê da negatividade. Nesses momentos, aproximam-se e passam a doloroso processo obsessivo, que, se não estivermos atentos e educados para refutá-lo, será intenso e doloroso.

– E como devemos agir para resolver essa situação? – questionou Tiago.

– Como espírita, aconselharia as terapias espirituais e, principalmente, a educação esclarecedora, que nos fortalece no entendimento das ocorrências da vida – sugeriu Toni.

– Essas terapias espirituais, o que seriam? – perguntou Flor.

– Atendimento fraterno, passes, água fluídica, sessões de desobsessão, evangelho no lar, estudos evangélicos, educação mediúnica, mas, em especial, refletir sobre a qualidade de nossos pensamentos, de nossas ações, dos desejos mais íntimos, processo esse que nos encaminha à reforma íntima – respondeu Toni.

– Sessões de desobsessão? O que é isso? – indagou Alice.

— Momento em que nossos companheiros espirituais mais ignorantes são chamados para uma conversa reflexiva sobre o próprio sofrimento, ocasião em que lhes é oferecida abençoada oportunidade de recomeço, permitindo que as ideias fixadas nos mais doentios sentimentos sejam substituídas pela esperança de um viver mais feliz. Essa terapia é feita por grupos de trabalhadores preparados e, em particular, sem acesso aos leigos – esclareceu o amável amigo.

— Por que é feito em particular e não podemos presenciar? – perguntou Flor.

— Quando precisamos de auxílio psicológico, também necessitamos de privacidade para nos sentirmos à vontade. Além do mais, é um trabalho no qual os participantes precisam saber seriamente o que estão fazendo e como fazê-lo, afinal, estão trabalhando com a saúde mental e emocional do espírito.

— Nossa, são muitas informações... É tudo muito complexo! – comentou Tiago.

— Pelo contrário, meu jovem amigo. É tudo muito simples, porque também muito lógico; apenas não estão acostumados a essa fantástica filosofia dos espíritos – respondeu Toni, sorridente.

— Você frequenta alguma instituição espírita? – indagou Flor.

— Frequento sim. Há mais de dez anos trabalho na casa espírita Caminheiros de Jesus.

— E você poderia nos levar até lá? Será que essas terapias espirituais não poderiam ajudar a curar meus pais? – inquiriu o abnegado filho.

— Auxiliar no processo de cura sim, segundo o que venho aprendendo com essa fantástica doutrina – tornou Toni.

— Mas curar não? – questionou Alice.

— Não, porque todo processo obsessivo se inicia com a autoobsessão, ou seja, com a nossa permissão. O obsessor passa a desfrutar o nosso campo vibratório, e, não raras vezes, acaba por interferir em nossa saúde física. Contudo, essas coisas acontecem apenas porque utilizam como via de acesso nossa mente, imperfeições morais e nossos vícios. Por tudo isso é muito importante a participação do doente no processo de cura, promovendo a autodesobsessão. Há um autor espiritual chamado Manoel Philomeno de Miranda, que se manifesta pela psicografia de Divaldo Pereira Franco, que faz o seguinte comentário no livro *Grilhões partidos*: "No que diz respeito aos problemas das obsessões espirituais, o paciente é, também, o agente da própria cura".

– Seria como ir ao médico para tratar de uma doença e não seguir as orientações? – indagou a filha de Flor.

– Isso mesmo, Alice. Se não fizermos a nossa parte nos tratamentos propostos, eles serão ineficazes. E as terapias espirituais não substituem as terapias médicas. Somos matéria e espírito; a matéria necessita dos tratamentos médicos convencionais; nosso cérebro e mente, muitas vezes, de acompanhamento psiquiátrico e psicológico; e o perispírito e o espírito, das terapias espirituais. Há uma saudável complementação quando unimos essas terapias em favor do doente.

– Você, como médico, faz isso? – falou Tiago.

– Faço sim. Quando sinto que há aceitação do paciente em relação às terapias espirituais, eu as recomendo – explicou Toni.

– E quando as pessoas as rejeitam? – perguntou-lhe Flor.

– Faço o que estiver ao meu alcance, ou seja, uma prece intercessória pela pessoa.

– Prece intercessória? – Flor inquiriu novamente.

– Sim. Seria a prece em favor dos que sofrem, solicitando auxílio.

– E se seu paciente não for espírita? Ele recebe a ajuda dos espíritos do mesmo jeito?

— Claro que recebe, Flor. Os espíritos melhores não trabalham com ideias preconceituosas. Além do mais, estão a serviço do Pai, que nos ama indistintamente, independente de como professamos nossa fé, ou ainda àqueles que se dizem ateus.

— Como assim, "se dizem ateus"? Ou cremos ou não cremos em Deus — comentou Alice.

— Joanna de Ângelis, outra autora espiritual, companheira de Divaldo Pereira Franco, esclarece que o estado ateísta é apenas manifestação de nossa revolta contra o Pai, devido a frustrações de expectativas milagreiras. Por essa razão acaba por se manifestar em forma de negação. Estado bastante transitório, pois todos fomos criados com as leis divinas gravadas na consciência e cientes da existência de Deus como nosso Criador — esclareceu o médico.

— Nossa! Acho que estou me apaixonando pela Doutrina Espírita. Quando poderemos ir com você nessa casa espírita que frequenta? — quis saber Flor.

— Sexta-feira seria um bom dia. Há o estudo d'*O Evangelho Segundo o Espiritismo* e, logo em seguida, d'*O Livro dos Espíritos*. Acredito que gostarão.

A saudável conversação continuou. Flor preparou um delicioso lanche, que foi servido em uma agradável área externa da pequena vila dos trabalhadores da mansão. Os vizinhos não demoraram a se juntar à pequena reunião, e Sabrina foi lembrada nos momentos de felicidade, quando ainda pequena e ingênua criança, andando por ali e fazendo peraltices.

Adelson, o motorista da família, foi buscar o violão. Saudosos, cantaram as cantigas infantis que encantavam as crianças daquela pequena e amorosa comunidade.

Toni, ao retornar para sua casa, pensava com alegria nos novos amigos. A imagem do rosto de Flor veio-lhe à mente e lágrimas de emoção afloraram-lhe nos olhos. "Será, meu Deus, que meu sonho de ter uma família vai se realizar? Será que encontrei a mulher que sempre esperei? Sinto-me tão bem ao lado dela; quando estou longe sinto saudade. Sua voz é como doce melodia em meus ouvidos. Vou orar para que tudo possa caminhar da maneira correta, mas sinto vontade mesmo é de pedir a Deus que ela me ame da maneira como eu já a amo", refletiu com um sorriso no rosto.

6

Da dor, uma esperança

878. Podendo o homem iludir-se quanto à extensão de seus direitos, o que pode fazer que ele conheça os seus limites?

Os limites do direito que reconhece para o seu semelhante em relação a ele, na mesma circunstância e de maneira recíproca.

(O Livro dos Espíritos – Livro III – As Leis Morais – Capítulo XI – Lei de Justiça, Amor e Caridade – Item I – Justiça e Direito Natural)

Nossa pequena caravana deslocava-se em direção ao posto de socorro próximo à cidadela das Amazonas da Noite. Introspectivo, pensava sobre tudo o que andava aprendendo nesse abençoado trabalho de oportunidades.

Lembrava dos casos com os quais havia colaborado: o de Rafael, de Virgínia, de Vitor e Mara, de Tibérius e, agora, essa nova empreitada. Via que no fundo eram histórias diferentes, mas ao mesmo tempo tão semelhantes. Os problemas vivenciados por esses amigos, cada qual preso a uma limitação comportamental e moral, arremessava-os a doentios panoramas mentais, dando origem a dolorosos momentos superados apenas com muito esforço e perseverança no Bem Maior.

Hoje, com a memória desperta para infelizes experiências pretéritas, conseguia entender o quanto o orgulho, a prepotência e a teimosia haviam me mantido cativo em amarras construídas por minha própria mente, e o quanto vivia acusando os que partilhavam comigo essas experiências, como se somente eles fossem responsáveis pelos meus desvarios. Hoje, lembro quão doloroso foi o despertar consciencial, descobrindo a abençoada lei de causa e efeito, que nos responsabiliza por nossa felicidade ou infelicidade. E ainda me pergunto se, em outra oportunidade na matéria, saberei manter acesa em mim a chama divina, que venho descobrindo possuir. Conseguirei manter lucidez suficiente para pensar e agir com equilíbrio cristão?

Tantas reflexões, e muitas ainda sem conseguir chegar a uma conclusão, mas já feliz por poder equacionar e refletir antes de agir impulsivamente, provocando à minha passagem terríveis tempestades energéticas que, mais tarde, em futuro não tão distante assim, teriam de ser devidamente reparadas. Como são belas as leis divinas!

Entramos numa estrada estreita e poeirenta. Às suas margens, grande quantidade de lixo acumulava-se; o odor fétido nos incomodava e os insetos e ratos se refestelavam com os detritos – eis o panorama material que observávamos. O sol a pino e a alta temperatura davam à paisagem aparência de abandono e tristeza. Alguns adultos e crianças remexiam o entulho em busca de algo que lhes servisse.

– Aqui não é o lugar adequado ao despejo de lixo – comentei com os amigos.

— Infelizmente, um dos maiores problemas no planeta é o descaso de alguns espíritos em respeitar as normas que regem a sociedade. Certas empresas que alugam caçambas como receptáculos de despojos de construção ou outras utilidades, não se deslocam até as áreas apropriadas e usam de modo inadequado áreas menos transitáveis, com o intuito de não serem flagradas no erro – esclareceu-me Mauro.

— Mesmo no erro, há o aproveitamento em benefício dos necessitados. Esses irmãos que observamos e que vasculham os despejos em busca de algo útil tiram parte do sustento daqui – comentou Ana.

— Os escândalos são necessários, mas ai por meio de quem vierem – completei.

Continuamos a caminhada e logo avistamos um entroncamento. Mauro nos instruiu a seguir a estrada da direita. Quanto mais avançávamos, mais o terreno tornava-se árido e pedregoso. Em determinado ponto avistamos algumas entidades femininas vestidas em trajes típicos das antigas amazonas. Percebemos que cuidavam de uma estreita fenda na rocha. Deduzimos que seria por onde continuaríamos a caminhar para ter acesso ao território da cidadela.

Mais alguns minutos caminhando e avistamos as edificações que abrigavam o posto de socorro, nosso destino inicial. A paisagem inóspita, observada até o momento, modificou-se por completo ao redor do referido posto. Havia exuberante vegetação que servia de cerca-viva e que limitava o território de ação das amazonas.

Transpusemos belíssimo portal, ornamentado por delicadas florações multicoloridas. Encantados, continuamos a avançar por agradável alameda, tratada com carinho por trabalhadores daqueles sítios de refazimento.

Avistamos Ineque, que vinha a nosso encontro, e, felizes por reencontrar esse especial amigo, abraçamo-nos e fomos abraçados por ele.

— Bem-vindos, amigos! Nós os esperávamos para discutir sobre a maneira que deveremos entrar na cidadela. Pentesileia já sabe de nossa presença por aqui e deduz nossos objetivos — disse-nos o amigo.

— E qual foi sua reação imediata? — perguntei-lhe.

— Temos notícias de que, irada, puniu desnecessariamente várias de suas seguidoras. Notamos que reforçou a guarda no caminho que leva à cidadela, logo após o posto de socorro.

— Notamos algumas amazonas na entrada do caminho que conduz ao posto de socorro — falou Mauro.

— São apenas olheiras, como são denominadas. Não há guardiães aqui. Os reforços mais agressivos ficam perto da entrada da cidadela — informou Ineque.

— Já sabemos algo a respeito dessa irmã? — questionou Ana, demonstrando certo nervosismo. — Sinto-me diferente nesse socorro; a sensação é de familiaridade com os costumes dessa tribo.

Ineque se aproximou de Ana e disse-lhe com carinho:

— Não se preocupe, minha cara amiga. Se for o momento de resgatar algo de um passado tormentoso, Deus estará amparando a todos nós, principalmente os envolvidos. Aquiete esse coração amoroso. Hoje, é adorável criatura ciente de sua origem divina. Apenas agradeça cada momento vivido como espírito do Senhor.

Ana nos fitou com indescritível emoção espelhada no olhar expressivo, e a abraçamos, gratos por tê-la em nosso convívio.

Ineque nos convidou a um momento de descanso, para em seguida seguirmos caminho em direção à cidadela.

Ao anoitecer deixamos a fortificação e nos aventuramos em direção a nosso destino. Após algumas horas de caminhada, avistamos, através de denso e escuro nevoeiro, um portão enorme plasmado em formas grotescas, que mais servia como aviso aos incautos transeuntes.

Ao nos aproximarmos, as guardiães mostraram-se alertas e, por meio de linguagem por sinais e sons guturais, passaram a se comunicar. Ineque nos instruiu a permanecer invisíveis aos olhos das infortunadas criaturas. Aguardamos alguns instantes, apenas observando a movimentação. O amplo portão foi aberto e uma milícia de mulheres montadas em estranhos animais, semelhantes a enormes ursos, passou por nós em grande velocidade. Aproveitamos a oportunidade e atravessamos o portal.

A cidadela fora construída de forma planejada. As toscas habitações eram dispostas em pequenos círculos e no centro deles fora montada uma praça de treinamento em artes bélicas. À frente de cada moradia havia uma porta esculpida de modo a atender às necessidades de alimentar a dor e o ódio de cada uma daquelas mulheres.

Paramos diante de uma moradia, e a cena esculpida era a de uma mãe e os rebentos sendo assassinados de maneira selvagem por um homem de mesmos traços fisionômicos das crianças. Deduzimos que seria o pai/esposo assassinando a família.

Ao lado de cada porta havia ganchos presos às paredes, que sustentavam armas de guerra de variadas formas, mas em todas as moradas era comum o arco e flecha.

– O arco e flecha é a arma que lhes dá identidade. Todas, a partir do momento que atingem a adolescência e os seios começam a crescer, são obrigadas a amputar o seio direito, pois ele atrapalha no manuseio do arco – contou-nos Ana. E a doce amiga prosseguiu: – Estou me lembrando! Já fui habitante dessa comunidade e uma das rainhas amazonas.

Ana abaixou a cabeça e doloroso pranto de alívio sacudiu-lhe o corpo.

Ineque nos convidou a fazer uma parada em um recanto independente das praças circulares. Sentamo-nos no chão batido e passamos a breve oração de agradecimento ao Pai. Ineque nos advertiu para mantermos o pensamento em elevada vibração, pois a rainha das amazonas daquela comunidade aproximava-se, e deveríamos permitir que ela nos visse.

Ao terminarmos a prece, erguemos os olhos e encontramos a figura de Pentesileia a nos observar de maneira cruel e fria.

– Vocês chegaram até aqui! – falou em uma voz gutural, e notamos o extremo esforço que fazia para controlar sua ira.

– Desculpe-nos a invasão, mas estamos em trabalho misericordioso a pedido de um afeto da irmã – explicou Ineque.

– Afeto? Não deixei afetos para trás; apenas inimigos a serem castigados. – E, voltando-se para Ana, soltou em tom sibilante: – Alguns traidores a serem colocados no devido lugar.

Dizendo isso, virou-nos as costas de maneira acintosa e foi se afastando. Em determinado ponto, voltou-se e completou com um meio sorriso:

– Têm a minha permissão para observar sem interferir. E... voltaremos a nos encontrar.

Ineque nos convidou a uma prece de agradecimento por esse primeiro contato. Depois voltamos a caminhar pela cidadela, ainda invisíveis aos olhos de seus habitantes.

Avistamos uma grande praça, também em forma circular, porém suas instalações diferiam das anteriores. Pareceu-nos mais um recanto de lazer. Ao nos aproximarmos, avistamos uma caravana de mulheres, vestidas festivamente, que para lá se dirigiam. À frente do cortejo vinham duas entidades adornadas com relíquias presas ao pescoço e aos pulsos por grossas correntes.

Nesse momento, Pentesileia aproximou-se de nosso grupo e, com desprezo, disse:

– Estão convidados a assistir à cerimônia que será realizada nesse momento.

– E qual é o objetivo da cerimônia? – indagou Ineque com serenidade.

– De casamento. As duas amazonas vestidas com esmero são as noivas. Em instantes estarão se comprometendo a dividir os desejos originados no ódio comum em direção à escória da humanidade: os homens – tornou a amazona.

– Por que tanta raiva represada de maneira tão intensa? Há quanto tempo a irmã vive presa a essa dor? – questionou Ineque docemente.

– Não o autorizei a me perguntar sobre as razões, apenas a observar. Preste atenção!

Voltamos a atenção à estranha cerimônia que passou a se desenrolar diante de nossos olhos. Uma mulher paramentada como sacerdotisa proferia palavras de ordem, que eram repetidas aos gritos pela audiência.

– Morte aos homens! – bramia freneticamente.

– Morte aos homens! – repetia a turba ensandecida.

– Não necessitamos de homens em nossa vida! – gritava cada vez mais alto, e as palavras eram exaustivamente repetidas pelas outras mulheres.

A certa altura, a sacerdotisa fez um gesto pedindo silêncio à audiência e clamou, exultante:

– Tragam o presente de Sireia para Tireia.

Mulheres de grande estatura entraram na extensa praça trazendo preso por correntes um homem, torturado e espezinhado em seu orgulho, apenas uma caricatura do que deveria ter sido sua

aparência anterior. O infeliz foi preso a um tronco no centro da praça, e Sireia, em sinal de oferenda, clamou à companheira:
— Vá e se vingue! Desfrute de meu presente!

A outra mulher, Tireia, com o olhar ensandecido, atirou-se sobre o esquálido espírito e, de punhal em riste, ganindo como animal ferido, agarrou selvagemente os órgãos genitais do infeliz e os decepou, para em seguida exibi-los à audiência enlouquecida, que urrava e pulava.

Sireia se aproximou de Tireia e, tomando-a pelas mãos, levou-a à futura casa.

— Agora minhas seguidoras terão enfim uma noite a sós. — E, rindo com histeria, afrontou-nos: — Eu os escandalizo? Esperem para se revoltar mais à frente. Mal podem imaginar o que vai acontecer.

Dizendo isso, passou a rodar violentamente, criando a seu redor intenso redemoinho de densa energia. Entristecidos pelos últimos acontecimentos observados, resolvemos voltar ao posto de socorro.

O caminho de retorno foi feito em silêncio. Ana parecia alheia a tudo o que havia acontecido. Seu olhar era distante, e a expressão do rosto, sempre meiga e dócil, estava petrificada em um esgar de desgosto.

Mauro passou a entoar doce melodia de amor profundo pela humanidade, extraída da Oração de Francisco de Assis, muito popular no mundo material:

> *Senhor, fazei-me instrumento de vossa paz,*
> *Onde houver ofensa, que eu leve o perdão*
> *Onde houver a discórdia, que eu leve a união*
> *Onde houver dúvida, que eu leve a fé*
> *Onde houver erro, que eu leve a verdade,*
> *Onde houver tristeza, que eu leve a alegria,*
> *Onde houver trevas, que eu leve a luz.*
> *Onde houver desespero, que eu leve a esperança.*

Ana ajoelhou-se no caminho poeirento e, juntando as mãos e elevando os olhos aos céus, passou a cantar conosco. Emocionados, a imitamos e, felizes, compartilhamos com nossa querida companheira de trabalho socorrista esse momento redentor.

Levantamo-nos do chão árido e percebemos admirados que, onde nossas lágrimas haviam se juntado em harmonia, a densa energia se desfizera e a terra ressequida adquirira aspecto diferente, pronta a ser frutificada.

A um canto, escondida na escuridão, Pentesileia nos observava. Admirável providência divina!

7

Um pouco de conforto

878-a. *Mas se cada um se atribui a si mesmo os direitos dos semelhantes, em que se transforma a subordinação aos superiores? Não será isso a anarquia de todos os poderes?*

Os direitos naturais são os mesmos para todos os homens, desde o menor até o maior. Deus não fez uns de limo mais puro que outros e todos são iguais perante Ele. Esses direitos são eternos; os estabelecidos pelos homens perecem com as instituições. De resto, cada qual sente bem a sua força ou a sua fraqueza, e saberá ter sempre certa deferência para aquele que o merecer, por sua virtude e seu saber. É importante assinalar isto, para que os que se julgam superiores conheçam os seus deveres e possam merecer essas deferências. A subordinação não estará comprometida, quando a autoridade for conferida à sabedoria.

(O Livro dos Espíritos – Livro III – As Leis Morais – Capítulo XI – Lei de Justiça, Amor e Caridade – Item I – Justiça e Direito Natural)

Tiago e Alice esperavam Adelson na porta da escola em que estudavam. Os amigos da escola, compadecidos pelos últimos acontecimentos, aproximavam-se e abraçavam os dois com carinho, procurando transmitir conforto.

Ficamos a observar a cena.

– E ainda há quem não acredita na juventude – comentou Mauro –, na sua capacidade de amar e alimentar os mais nobres sentimentos, como a compaixão pela dor do próximo.

– Observe a energia que está se formando à volta desse amoroso grupo. Vem do mais Alto e se une à emanada pelos encarnados, expandindo-se em todas as direções – completei, encantado.

– Observe aquele jovem afastado de todos, de rosto e olhos tristonhos. Seu estado depressivo gera densa carga energética, mas a energia nutrida por esses jovens amorosos chega até ele, e a mentora o auxilia a absorvê-la – comentou Ineque.

Nesse momento, o triste jovem levantou os olhos e observou o grupo. Tiago, que o olhava de longe, percebeu a dor do amigo e para lá se dirigiu, abraçando-o com carinho.

– Não aceito o que aconteceu com Sabrina. Esperava que ela entendesse, um dia, que estava em más companhias e voltasse para mim – desabafou aos prantos o jovem de nome Mateus, que fora o primeiro namorado da moça.

– Eu sei, meu amigo. Mas ainda podemos ajudá-la, orando e desejando que esteja em paz – tornou Tiago.

Alice se juntou a eles, e todos continuaram a se consolar mutuamente.

Mais uma vez notamos Pentesileia a observar os acontecimentos. O olhar impenetrável encontrou o nosso, e de novo o riso sarcástico se fez ouvir.

Tiago, Alice e Mateus perceberam a boa energia e, com suas jovens mentes, despertaram para o abençoado mandato mediúnico.

Dirigimo-nos ao hospital onde Gabriel e Dora ainda permaneciam internados. Desde os trágicos acontecimentos que haviam culminado com o desencarne de Sabrina, tinham se passado dez dias. Apesar da dor latente, ainda companheira inseparável dos envolvidos, a conformação anunciava-se de maneira tristonha.

Flor fora chamada pela equipe médica para alguns esclarecimentos necessários, visto que se tornara responsável pela família que tanto amava.

– Boa tarde, dona Flor – cumprimentou o médico, que a recebia em um pequeno consultório. – Primeiro falemos de dona Dora. Ela está melhor; já conseguimos controlar o estado de choque em que chegou aqui. Daqui para diante, precisará de acompanhamento psicológico e psiquiátrico durante o tempo que for necessário. Aconselhamos também acompanhamento cardiológico, visto que a pressão tem se mantido instável. Ela está medicada provisoriamente; dependerá de o cardiologista manter a medicação ou alterá-la. Amanhã cedo estará liberada para voltar a sua casa. A senhora tem alguma dúvida? – indagou o médico.

– Não, ficou bem claro. Hoje mesmo vou marcar uma consulta com o dr. Antônio. E quanto ao sr. Gabriel? – quis saber Flor.

– O caso do sr. Gabriel é um pouco mais complicado. Há sérios comprometimentos cardíacos e precisaremos de uma ação mais evasiva. Os médicos responsáveis pelo sr. Gabriel se reuniram e decidimos colocar dois stents para melhorar o fluxo sanguíneo no coração – esclareceu o médico.

– Como é feito esse procedimento?

– A colocação dos stents é feita por meio de angioplastia. Um stent, pequena rede metálica tubular, é introduzido na coronária do paciente por meio de um balão fixado na ponta do cateter. Esse balão é inflado, empurrando o stent contra as paredes do vaso obstruído. O stent é como uma pequena mola, que faz com que a artéria coronária permaneça desobstruída. E esse procedimento pode evitar a necessidade de cirurgias mais invasivas.

— E há risco para o sr. Gabriel? — questionou Flor.

— O sr. Gabriel esteve internado até o momento justamente para sair da grave crise da qual foi acometido e passar pelo procedimento, que expliquei à senhora, sem maiores riscos. Os riscos existem, como em qualquer cirurgia, mas o paciente está em boas condições físicas. Pretendemos instalar os stents amanhã, na primeira hora. Se ele passar bem o dia todo, será liberado no dia seguinte. Como no caso de dona Dora, aconselhamos que o sr. Gabriel também passe por controle cardiológico periodicamente, e que procure um endocrinologista, porque apresentou sinais de diabetes.

— Obrigada por sua atenção — agradeceu Flor. — Tomarei as devidas providências. Seria interessante termos uma enfermeira por algum tempo?

— Não acredito que haverá necessidade. Os problemas do sr. Gabriel serão resolvidos com a colocação dos stents, e ele poderá ter uma vida normal. Quanto à dona Dora, o que mais nos preocupa é o estado emocional. Ela tem demonstrado forte tendência à depressão, e nosso psiquiatra diagnosticou algumas características bipolares. Mas, de imediato, não acredito ser necessária a presença de uma enfermeira — reforçou o médico.

— Mais uma vez, obrigada — disse Flor despedindo-se.

Ao sairmos do hospital, Pentesileia nos esperava.

— Agora é que os problemas vão começar — avisou-nos com sarcasmo.

Ineque fez menção de responder, mas a amazona, de maneira belicosa, estendeu a mão em nossa direção e reforçou:

— Fique quieto. Não estou disposta a conversar. Avisei porque espero adversários à minha altura. O que mais me estimula é uma boa briga.

E partiu em meio a densa e escura névoa. Oramos por tão infortunado espírito, ainda preso à própria dor.

⁂

Voltamos à casa espírita Caminheiros de Jesus. Era sexta-feira, dia do atendimento fraterno. Antônio passou na mansão para pegar Flor, Alice, Tiago e também Mateus, que havia se interessado pelo relato que Tiago fizera da conversa que haviam tido sobre a Doutrina Espírita.

O atendente, solícito, indagou quem gostaria de passar pelo atendimento. Flor ponderou que Tiago seria a pessoa certa, e assim foi feito. Tiago foi encaminhado à sala de atendimento fraterno, coordenada pela médium Sandra.

— Boa noite. Seja bem-vindo à nossa casa! Meu nome é Sandra — apresentou-se.

— Boa noite, meu nome é Tiago. Foi o dr. Antônio, o Toni, quem nos trouxe aqui — esclareceu Tiago.

— E como você está, Tiago?

— O Toni lhe contou nossa história? — questionou o rapaz.

— Não, não tivemos oportunidade de conversar antes desse atendimento. Você mesmo não gostaria de contá-la? — sugeriu Sandra.

— Minha irmã Sabrina faria quinze anos no próximo mês, e há dez dias morreu de overdose — começou o rapaz com a voz embargada.

– Sinto muito pela dor que vem vivenciando – compadeceu-se Sandra.

– O que mais me entristece é que, dias antes da morte dela, sonhei exatamente com o que aconteceu. E sabia que ela estava fazendo coisas erradas, andando com jovens de má índole. Tentei avisar meus pais, mas eles não me escutaram. Sequer cogitaram que eu pudesse estar certo para verificar a história.

– Em tudo o que me contou, o que mais o tem incomodado? – indagou Sandra.

– É que fiquei com raiva da atitude de meus pais. Pensei: "Que se dane! Se acontecer alguma coisa de ruim com Sabrina, eles serão os culpados". – Tiago fez uma pausa para controlar as emoções, e então prosseguiu: – Minha atitude foi errada. Deveria ter insistido, brigado, pensado em algo para que a flagrassem, aí então seriam obrigados a tomar alguma atitude, e não continuar fingindo que tudo estava bem.

– Você tem se sentido culpado pelo que aconteceu a sua irmã?

– Eu sou culpado. Fui fraco e cedi à primeira dificuldade. Se tivesse feito de maneira diferente, ela estaria viva – desabafou o moço, as lágrimas escorrendo-lhe dos olhos.

Sandra, amorosa, abraçou-o e permitiu que o pranto consolador o aliviasse um pouco da tensão que vivia nos últimos dias. Tiago, lentamente, foi se acalmando e pediu desculpas a Sandra pelo descontrole.

– Meu jovem amigo, não se preocupe. Precisamos manifestar nossos sentimentos, senão somos engolidos por eles. Quanto ao desencarne de Sabrina, cada um vive o que precisa para aprender e superar as próprias limitações. Conhecendo sua família, da maneira como vinham experienciando essa encarnação, acredita que teria feito alguma diferença se houvesse tomado atitudes mais agressivas?

Crê que, se seus pais tivessem apresentado uma postura diferente, teria mudado alguma coisa para Sabrina? – indagou Sandra.

– Sei de tudo o que falou, mas mesmo assim a dor não passa e eu fico pensando e repensando no que poderia ter sido diferente – falou Tiago.

– E vai resolver o problema ficar se martirizando? – perguntou Sandra.

– Não, nada será modificado. Meus pais encontram-se internados. Nem viram o velório de minha irmã. Quando meu pai soube, teve um infarto, e minha mãe entrou em choque. Amanhã minha mãe volta para casa. Hoje estive com ela... Parece uma sombra da mulher exuberante e alegre que sempre foi. Meu pai deve passar por um procedimento cirúrgico amanhã cedinho, uma angioplastia, para colocar stents. Se der tudo certo, logo estará em casa. Ele se culpa e vive dizendo que o que aconteceu é castigo de Deus. Não entendo o que ele quer dizer – falou Tiago.

– O que você acha desta expressão "castigo de Deus"? – perguntou Sandra.

– Esquisito! Não aceito essa ideia. Minha avó materna, que também já morreu, dizia que Deus não castiga, mas que nos dá a chance de consertar nossos erros – expressou Tiago.

– Também é assim que pensamos dentro da Doutrina Espírita. Acreditamos na lei de ação e reação; que, para cada pensamento, cada ato praticado, há uma reação correspondente.

– Talvez meu pai tenha feito algo de errado e acredita que está sendo castigado – refletiu o rapaz.

– Mas... agora isso não é importante. O que de fato importa neste momento é que vocês se unam para superar o doloroso acontecido e que, juntos, possam se fortalecer e trilhar um caminho mais saudável. A sua obrigação moral você realizou preocupando-se com sua irmã. Infelizmente, a compreensão dela como espírito em evolução não alcançou a gravidade das escolhas que andava fazendo – observou Sandra.

– É a lei de ação e reação da qual você falou... – ponderou Tiago.

– Mas não quer dizer que não podemos auxiliar Sabrina a superar esse momento doloroso também. Compreendendo as limitações dela de entendimento da própria vida, podemos emanar boas energias para que ela se recupere logo e possa de novo caminhar no processo evolutivo. Você, que sempre se interessou pelo bem-estar de sua irmã, continuará a fazer o melhor que pode. Converse com ela, sem críticas, mas incentivando-a a recomeçar, dizendo o quanto a ama. E, quanto a seus pais, nesse momento, você é quem está mais equilibrado e na condição de auxiliá-los a superar essa fase. Voltando para casa, depois desses dias afastados, não tendo presenciado o velório de Sabrina, quando chegarem é que de fato perceberão que a menina não mais está por ali na condição de encarnada. A dor vai se manifestar de maneira surpreendente, e precisarão muito do carinho e da paciência de todos.

– Depois que conversei com Toni sobre a filosofia espírita, pesquisei pela internet, em sites afins, algo sobre o que aconteceu com minha irmã. Em uma das páginas estava escrito que é considerado suicídio uma morte como a dela. Não entendi direito. Você poderia me esclarecer, porque estou muito preocupado... – pediu Tiago.

– A morte por overdose é considerada um suicídio indireto, ou suicídio com atenuantes. No caso de Sabrina é levado em conta o grau de conhecimento moral, a perturbação mental da qual estava acometida, a interferência do mundo espiritual mais ignorante e outras coisas. Considera-se, digamos, a somatória desses motivos, que explicam o descontrole de sua irmã, mas não a eximem das consequências, da necessidade de recuperação, à medida que for compreendendo a gravidade de suas escolhas pessoais. Esse tipo de ação, sem avaliar consequências, é típico de espíritos que se veem diante de determinados problemas com os quais ainda não conseguem lidar ou que não são capazes de superar – tornou a paciente mulher.

– Você quer dizer que minha irmã podia até saber que estava fazendo a coisa errada, mas não tinha entendimento perfeito disso?

– Exatamente. Existe uma grande diferença entre saber na teoria determinados conceitos e já ter a capacidade de exercitá-los. Isso a exime de algumas consequências imediatas, mas, à medida que for entendendo o que anda vivenciando, ela mesma vai solicitar a oportunidade de reparar seus enganos.

– Enganos, e não erros. Você não usa a palavra erro. Por quê? – indagou Tiago.

– Você é bem observador. Nada contra a palavra em si, mas a intensidade que lhe damos é muito forte, impregnada de culpa e dor. Por essa razão prefiro usar palavras de significado menos intenso – esclareceu Sandra com um sorriso.

Tiago, semblante mais tranquilo, tomou as mãos da atendente e, respeitoso, beijou-as com carinho.

– Meu avô dizia que devemos beijar com respeito as mãos de quem admiramos e de quem nos ajuda de tal maneira, que nada no mundo poderá pagar esse bem. Obrigado, Sandra. Estou indo embora de outra maneira; não sinto mais como se o mundo estivesse debruçado em minhas costas.

Sandra, comovida, abraçou fraternalmente o jovem, convidando-o a voltar na semana seguinte.

8

O furor de Pentesileia

879. *Qual seria o caráter do homem que praticasse a justiça em toda a sua pureza?*

O do verdadeiro justo, a exemplo de Jesus; porque praticaria também o amor ao próximo e a caridade, sem os quais não há a verdadeira justiça.

(O Livro dos Espíritos – Livro III – As Leis Morais – Capítulo XI – Lei de Justiça, Amor e Caridade – Item I – Justiça e Direito Natural)

Sábado pela manhã, Tiago, Flor e Adelson resolveram ir ao hospital para acompanhar de perto os resultados da cirurgia que Gabriel sofreria.

Toni veio ao encontro deles. Estava de plantão, e logo trouxe as boas notícias: havia corrido tudo bem e Gabriel ficaria algumas horas na sala de recuperação.

– Deu tudo certo. Gabriel deverá ficar na sala de recuperação e após será encaminhado à UTI coronária por uns dois dias. Depois vai para um quarto particular, onde um acompanhante poderá ficar com ele.

— Minha mãe vai para casa hoje... O que faço? — perguntou Tiago.
— Não se preocupe. Já conversei com sua tia Eloá; ela ficará com sua mãe. Se você quiser fazer companhia a seu pai, no horário de visita, fique sossegado — disse Flor.
— Você poderia ficar para ver meu pai, Flor. Eu poderia ir para casa com minha mãe e Adelson. Assim, fico com ela até por volta de quinze horas, aí trocamos. Vejo meu pai no segundo horário de visitas — sugeriu Tiago.
— Está combinado. Já deixei tudo preparado. Maria ficou de terminar o almoço, e eu ligo para Alice ajudar no que for preciso, está bem?

Tiago, agradecido, abraçou a amiga.

— Ah, Flor! Só Deus para colocar você em nosso caminho!

Os olhos da mulher encheram-se de lágrimas de emoção, e ela confessou, tocando de leve o rosto do rapaz:

— Ele fez a mesma coisa comigo quando os conheci!

Toni observava a cena encantado. "Para mim Ele fez a mesma coisa: colocou você, doce Flor, no meu caminho!", refletiu o médico.

Flor percebeu o olhar carinhoso de Toni e o devolveu com emoção. Tiago notou a energia que fluía entre os dois e orou para que tudo desse certo para essa singular amiga, que tanto amor e carinho distribuía ao redor.

Mais uma vez, Pentesileia observava a tudo e, encarando-nos, disse entredentes:

— Aproveitem esses momentos de felicidade. Serão os últimos, e, se depender de mim, para toda a eternidade.

Dizendo isso, saiu do ambiente tomando a direção do quarto ocupado por Dora. Nós a acompanhamos de perto, prevendo a necessidade de auxiliarmos a irmã adoentada a resistir ao assédio da pretensa opositora.

Pentesileia reuniu-se a mais duas entidades e, rancorosas, entraram no corredor que dava acesso aos quartos dos pacientes. Uma equipe de trabalhadores do Plano Maior já se encontrava a postos.

As entidades, ao avistá-los, empunharam seus arcos e, ágeis, tomaram nas mãos estranhas flechas de energia que espargiam em forma de dardos e tomavam a direção do quarto de Dora. Os trabalhadores do Senhor, imediatamente, em ação contrária, desfaziam essas tristes formas-pensamento, transformando-as em abençoada bênção, que retornava à origem. Ao contrário da intenção inicial, voltavam em doces luzes de amor e paz que, ao penetrar o campo vibratório das guerreiras, desnorteavam-nas. A líder em comando, Pentesileia, fitou-nos com ódio.

– O que aconteceu foi apenas uma batalha. Voltaremos preparadas para enfrentá-los – ameaçou com fúria.

Com o corpo ereto, abaixou a cabeça em direção ao peito. Olhos fixos na porta do quarto de Dora, emitindo estranho som, no mesmo instante ouviu-se Dora começar a gritar, em pânico.

Ineque e eu nos posicionamos diante da porta do aposento emitindo energia translúcida que serviu de imediato à contenção da ação maléfica. A rainha amazona nos olhou de esguelha e, com uma expressão de cinismo, partiu com as companheiras. Como de costume, deixava atrás de si densa nuvem energética, que prontamente foi reciclada pelos companheiros socorristas.

Encaminhamo-nos para perto de Dora, que, assustada, segurava a mão de Tiago.

– Mãe, o que foi? – perguntou o rapaz.

– Não sei. Escutei um som terrível e senti muito medo. Tive a impressão de que estava sendo arrancada de meu corpo... Vi uma figura horrenda, mas o que mais me assustou foi o som que saía de sua boca, porque me era muito familiar – explicou Dora, os olhos arregalados.

– A figura não a assustou? – indagou Tiago.

– Não, foi o som. Era um comando, e eu sabia que precisava obedecer, senão seria punida. Só posso estar ficando louca para pensar nessas coisas.

– Não foi nada. Fique calma. Flor já está tratando de sua alta, e logo estará em casa, mãe.

– Não quero ir embora sem Gabriel. Pergunte ao médico se, depois que ele sair da recuperação, não podemos dividir o mesmo quarto – implorou Dora, começando a chorar.

– Mas, mãe... Depois de amanhã o papai vai para o quarto, e logo também vai ter alta.

– Não quero; não vou embora sem seu pai. Não posso pensar em ficar naquela casa vazia, sem minha filha e sem seu pai. Se me forçarem, eu me mato – ameaçou Dora, demonstrando grande agitação.

Nesse momento, Flor e Toni entraram no quarto, e o médico prontamente se aproximou de Dora, tentando acalmá-la.

– Por favor, dona Dora, tente se acalmar! Se continuar agitada, o médico responsável achará por bem mantê-la internada e também sedada. Desse modo, ficará mais tempo longe de sua família. Já conversamos, e eu lhe expliquei muito bem que o estado de saúde física e emocional de seu marido ainda está muito frágil. Ele não terá condições de ampará-la como sempre fez, mas, assim que se restabelecer, vocês dois poderão se auxiliar mutuamente. Enquanto isso, a senhora precisará se esforçar um pouco para ficar mais tranquila – esclareceu Toni.

– Não quero ser sedada, por favor. Mas tenho medo de ir embora e Gabriel também não voltar para casa – prorrompeu Dora em pranto sentido.

Tiago se aproximou da mãe e a abraçou.

— Toni tem razão, mãe — aconselhou com carinho. — Precisamos uns dos outros para vencer a dor de nossa perda.

Dora o afastou com raiva e seus olhos faiscavam.

— Você é culpado pela morte de sua irmã — atacou em tom de revolta. — Ela acabou se convencendo de suas insinuações e fez o que fez. Maldito! Saia da minha frente.

Tiago, petrificado pela reação desequilibrada da mãe, não teve, a princípio, sequer reação; apenas lágrimas lhe escorriam pelo rosto. Flor, compadecida, aproximou-se do menino e o abraçou, conduzindo-o para fora do quarto. Toni então solicitou ajuda à enfermeira, que se mantinha em silêncio no quarto, e esta lhe entregou um medicamento calmante para ser aplicado na paciente. Dora foi se acalmando e acabou adormecendo, enquanto segurava as mãos da bondosa enfermeira. O médico a instruiu a chamar o psiquiatra que acompanhava o caso de Dora.

No plano espiritual, Sabrina, que era mantida adormecida para que pudesse em futuro próximo acordar em melhor estado emocional para a vida invisível, fora acometida por violenta crise emocional, vítima da intensa mentalização de Dora somada ao violento ódio de Pentesileia. Acordou em descontrole e se dirigiu à sua casa material. Pentesileia a aguardava. Com brutalidade, submeteu-a a seu pensamento voraz e a fez prisioneira.

Tiago, que acabava de entrar em casa, fragilizado pelo descontrole de Dora, avistou Sabrina, que, em pânico, gritava sem parar. As mãos e os pés estavam atados por grossas correntes e, no pescoço, havia uma coleira presa a uma corda. A um canto, Pentesileia sorria com escárnio.

O rapaz, preso a intensas emoções, acabou por perder os sentidos e resvalou ao chão, aos pés de Flor e Alice.

As duas se ajoelharam a seu lado. O jovem, pálido e trêmulo, balbuciava frases desconexas. Adelson, de imediato, tomou-o nos braços e todos voltaram ao hospital. Flor entrou em contato com Toni solicitando ajuda. O médico percebeu que havia algo além da matéria agindo para que o sofrimento se prolongasse e desequilibrasse todos os membros da família, portanto instruiu a amiga a orar em voz alta em união de propósitos com Alice e Adelson.

– Meu Deus, não sei a maneira correta de Lhe pedir isso, nem se estou sendo coerente, mas auxilie essa família que passa por tristes momentos de perda. Envolva a todos em Seu coração, e que aqueles que andam se aproveitando dessa fase de tristeza e fragilidade emocional possam compreender que o mal não faz bem nem a eles mesmos. Senhor, compadeça-se desta mãe, deste pai e deste jovem. Permita-lhes um instante de paz para que possam se equilibrar e superar essa grande dor que os aflige.

Flor pediu a Alice e a Adelson que orassem a prece legada à humanidade por nosso amado mestre, Jesus: o pai-nosso. Enquanto Flor vibrava em delicada sintonia de amor, dúlcida energia envolveu a todos, e Tiago, ainda inconsciente, suspirou como se estivesse aliviado.

No hospital, Toni os recebeu com a habitual cordialidade. Examinou Tiago, que voltava a si, ainda bastante perturbado.

Após alguns exames, decidiu mantê-lo em observação até o dia seguinte e optou por solicitar ao médico de Dora que também a mantivesse internada.

Depois das providências tomadas, Flor decidiu que ficaria no quarto com Dora, e Alice tomaria conta de Tiago.

Toni informou-se sobre o estado de saúde de Gabriel e soube que ficaria isolado, sem receber visitas na UTI coronária, pois apresentava quadro febril.

Preocupado, dirigiu-se à sala dos médicos, procurando elevar o pensamento a Deus em busca de respostas a suas dúvidas. Desdobrado, viu-se na sala de atendimento fraterno da casa espírita Caminheiros de Jesus. À sua frente estávamos eu e Ineque.

– Boa noite, caro amigo – cumprimentei o amável médico.

– Boa noite. Obrigado por virem em meu socorro! – replicou Toni.

– A família que ora assistimos encontra-se sob o assédio de espíritos inferiores e vingativos, muitos deles companheiros de desequilíbrios do passado, outros desta mesma encarnação. Já temos uma equipe auxiliando-os a superar esses momentos. O amigo poderá auxiliá-los incentivando-os à mudança de panorama mental e de atitudes. Encontrará apoio nas doces Flor e Alice, e no singular rapaz Tiago. Mostre-se firme e não permita que os obstáculos dificultem sua caminhada, mas veja-os como incentivo ao desenvolvimento de latentes virtudes que já o engrandecem como espírito em evolução. Fique em paz – desejei, com carinho e esperança.

– Obrigado! – foi a resposta emocionada do médico.

Toni abriu os olhos e tomou nas mãos *O Evangelho Segundo o Espiritismo*. Abriu-o em adorável lição de amor:

> *9. O amor é de essência divina. Desde o mais elevado até o mais humilde, todos vós possuís, no fundo do coração, a centelha desse fogo sagrado. É um fato que tendes podido constatar muitas vezes: o homem mais abjeto, o mais vil, o mais criminoso, tem por um ser ou por um objeto qualquer uma afeição viva e ardente, à prova de todas as vicissitudes, atingindo frequentemente alturas sublimes.*
>
> *Disse por um ser ou um objeto qualquer, porque existem, entre vós, indivíduos que dispensam tesouros de amor, que lhes transbordam do*

coração, aos animais, às plantas, e até mesmo aos objetos materiais. Espécies de misantropos a se lamentarem da humanidade em geral, resistem à tendência natural da alma, que busca em seu redor afeição e simpatia. Rebaixam a lei do amor à condição do instinto. Mas, façam o que quiserem, não conseguirão sufocar o germe vivaz que Deus depositou em seus corações, no ato da criação. Esse germe se desenvolve e cresce com a moralidade e a inteligência, e, embora frequentemente comprimido pelo egoísmo, é a fonte das santas e doces virtudes que constituem as afeições sinceras e duradouras, e que vos ajudam a transpor a rota escarpada e árida da existência humana.

(O Evangelho Segundo o Espiritismo – Capítulo XI – Amar o Próximo como a si Mesmo)

9

Auxílio bem-vindo

880. Qual é o primeiro de todos os direitos naturais do homem?

O de viver. É por isso que ninguém tem o direito de atentar contra a vida do semelhante ou fazer qualquer coisa que possa comprometer a sua existência corpórea.

(O Livro dos Espíritos – Livro III – As Leis Morais – Capítulo XI – Lei de Justiça, Amor e Caridade – Item II – Direito de Propriedade. Roubo)

Quatro dias após os acontecimentos comentados, desponta um dia radioso, que amanheceu esplêndido. O astro-rei em toda a sua majestade iluminava a Terra abençoada, dando à paisagem feliz tom dourado. Embargado com a beleza da natureza, que a cada dia se renova em múltiplas formas e cores, agradeci ao Pai a oportunidade de poder enxergar as maravilhas de seu Reino de Amor.

Toni foi ao encontro de Flor e a informou de que Gabriel e Dora seriam liberados para retornar à casa deles.

Agradecida, Flor abraçou com carinho o amigo que, amoroso, cuidava dela e de Alice com tanto desvelo. O médico devolveu o abraço, dizendo com a voz trêmula:

– Agradeço a Deus, cada momento desde que a conheci, a oportunidade que estou desfrutando de partilhar de sua vida.

Flor estreitou mais o contato.

– A mim, parece sempre tê-lo conhecido, tamanha a confiança que tenho em você.

Nesse instante, Alice entrou na pequena sala de espera e, feliz, perguntou:

– Hum... Será que posso entrar nesse abraço? Também estou carente...

Sorrindo, acolheram-na também.

– Vocês são minha família – confessou Toni. – Nunca vou desampará-las. Faço essa promessa com muita felicidade em meu coração.

Também nos emocionamos. À volta desses queridos amigos, energia irradiante foi se formando e expandindo-se em todas as direções.

Pentesileia, sempre oculta em meio às sombras que a envolviam, observava com estranha expressão o semblante retorcido pelos mais torpes sentimentos. Voltou-se em nossa direção e, tomando de novo o arco nas mãos, posicionou-o no ombro e disparou múltiplas flechas, que se dividiam e partiam em várias direções; segundos depois, ouvíamos Dora gritar em nova crise.

A infeliz criatura sorriu entredentes e partiu, presa à própria demência, recitando estranhos mantras que criavam formas e a envolviam como vermes rastejantes.

Dirigimo-nos ao aposento de Dora. Os dardos giravam pelo ambiente em velocidade assustadora, cada qual exibindo formas e imagens diferentes, todas elas familiares à enferma, e, ao tocá-la, acordavam lembranças de um passado aterrador.

Solicitamos auxílio aos companheiros socorristas e, imediatamente, vimo-nos amparados. Posicionamo-nos ao redor de Dora e passamos a desintegrar as formas doentias, ao mesmo tempo em que reciclávamos a densa energia. Dora foi se acalmando; porém, o psiquiatra avisado do surto psicológico achou por bem suspender a alta médica; apenas Gabriel e Tiago puderam retornar ao lar.

Eloá, atendendo ao pedido de Flor, encaminhou-se para o hospital a fim de fazer companhia a Dora, que chorava desconsolada.

Uma equipe de socorristas antecedeu a família e passou a abençoado atendimento fraterno a irmãos ignorantes, que insistiam em permanecer no ambiente doméstico. Quando entramos na grande casa, sua energia característica nos pareceu menos densa.

Gabriel foi levado a seus aposentos e, cansado, adormeceu com rapidez.

Tiago, acompanhado de Alice, pediu para ficar no jardim da pequena vila que abrigava os trabalhadores da casa.

– Nossa, Alice! Você não imagina como é bom ficar aqui, sentado embaixo dessas árvores. Sinto-me renovado – comentou Tiago.

– Sei do que fala; também me sinto assim. Quando estou tristonha, venho para cá e me sinto mais fortalecida; meus pensamentos mudam e fico mais otimista.

– No sábado, não sei o que me aconteceu – disse Tiago. – Lembro de estar entrando em casa e tudo pareceu distorcido. Era como se a casa estivesse derretendo. Então avistei várias mulheres vestidas de maneira estranha, seus rostos eram... – O rapaz fez ligeira pausa, e prosseguiu: – Não sei explicar... Talvez animalescos. Portavam estranhas armas penduradas no tronco, e essas armas pareciam ter vida. Ah, estou falando besteira...

– Não, Tiago, não está não. Achei que fosse coisa de minha cabeça, mas eu vi a mesma cena. Lembra a história das amazonas que estudamos o ano passado? Aquelas figuras que as representavam? Acredito que foi o que vi. Por essa razão, achei que estivesse imaginando tudo, mas acredito que, se nós dois vimos a mesma coisa, há algo de real nisso. Podemos falar com Toni ou pedir atendimento na casa espírita. O que você acha? – inquiriu Alice.

– Hoje é terça-feira. Sandra, a atendente que conversou comigo, disse que, se fosse algo urgente, eu poderia falar com ela nesse dia. Podemos pedir a Adelson que nos leve até lá. Pelo que sei, o Toni está de plantão hoje, e não devemos incomodá-lo – ponderou o rapaz.

Assim foi feito. No início da noite, Adelson levou os dois jovens à casa espírita Caminheiros de Jesus; ali chegando, Tiago conversou com um senhor que recepcionava aqueles que chegavam. Sem demora, o casal de jovens foi conduzido a uma pequena e agradável sala de atendimento fraterno. Sandra os recebeu com carinho e os convidou a entrar.

– Boa noite, Tiago. Aconteceu algo de grave?

– Boa noite, Sandra. – disse o rapaz.

– Boa noite, Alice. Prazer em vê-la em nossa casa de orações – cumprimentou Sandra.

– Têm acontecido coisas esquisitas nesses dias. Fui visitar minha mãe e ela falou de maneira bruta comigo, até mesmo me culpando pela morte de Sabrina. Quando cheguei à minha casa, passei mal e acabei desmaiando. Antes, vi uma cena burlesca: algumas mulheres, semelhantes às lendárias amazonas, mas bastante deformadas, rodeavam-nos, e me pareceu que raios, ou vermes, talvez, não sei direito, saíam de seus corpos e nos atacavam. – Tiago fez ligeira pausa, empalidecendo, e continuou: – Também vi Sabrina. Ela estava com as mãos e os pés acorrentados e uma mulher horrenda a mantinha presa a uma coleira.

– Nossa! Também vi Sabrina dessa maneira – afirmou Alice com certo temor. – Ela gritava muito e estava apavorada; havia me esquecido. Tiago acha que é imaginação, mas vi a mesma cena. Depois da morte de Sabrina, isso acontece de maneira constante; é só me distrair que estou vendo coisas que não existem. E, no caminho para cá, Tiago me disse que o mesmo ocorre com ele. O que está acontecendo conosco?

– Vocês já ouviram falar em mediunidade? – indagou Sandra.

– Toni está nos explicando algumas coisas sobre a Doutrina Espírita. Esta semana vamos começar a estudar *O Evangelho Segundo o Espiritismo* e *O Livro dos Espíritos*, e vai se juntar a nós o amigo Mateus, que foi namorado de Sabrina e está muito triste – esclareceu o rapaz.

– Que ótima notícia! Adquirir conhecimentos sobre a vida é muito importante, assim passamos a entendê-la melhor; e a Doutrina Espírita, em seu tríplice aspecto, auxilia bastante no processo de aprendizado – disse Sandra.

– Por que você falou sobre mediunidade? – quis saber Tiago.

– Existe um tipo de mediunidade chamada dupla vista. Não raro, pode se manifestar depois de um trauma, um acontecimento que nos emociona sobremaneira. Em *O Livro dos Espíritos*, questão 452, Livro II, Capítulo VIII, item VII – Dupla Vista, Kardec questiona aos espíritos: "É verdade que certas circunstâncias desenvolvem a dupla vista?". E os espíritos superiores respondem: "A doença, a proximidade de um perigo, uma grande comoção permite ao Espírito ver o que não podeis ver com os olhos do corpo".

– Como assim? O que quer dizer "não podeis ver com os olhos do corpo"? – questionou Alice.

– Toda mediunidade se manifesta através da mente; toda percepção mediúnica ocorre em nível mental. Podemos dizer que vemos o mundo invisível com os olhos da alma – esclareceu a trabalhadora do centro espírita.

– Daí a sensação que tive, que as imagens estavam dentro de minha cabeça – concluiu o rapaz.

– Dupla vista seria a mesma coisa que vidência? – inquiriu Alice.

– Uma das manifestações da vidência, mais profunda, e parece ao médium mais real – respondeu Sandra.

– Vamos continuar com a dupla vista ou depois que as coisas se acalmarem isso vai desaparecer? – quis saber Tiago.

– A faculdade mediúnica, sim; o exercício da faculdade, não. E, se decidirem estudar a Doutrina Espírita, também passarão por um processo de educação mediúnica, que vai auxiliá-los a utilizar esse presente de Deus para ajudar os necessitados. Nesse caminhar, um dia se darão conta, admirados, de que vocês mesmos serão os mais beneficiados.

– E como fazemos para ingressar nesses estudos? – indagou Alice com curiosidade.

– Podem se juntar à mocidade espírita e também frequentar o grupo de terça-feira – sugeriu Sandra.

– Você acha que isso resolverá nossos problemas? – perguntou a moça.

– Com certeza não; a Doutrina Espírita é, sobretudo, educativa. Sendo assim, possibilita ao estudioso ter a capacidade de entender e vivenciar suas dificuldades com mais equilíbrio, pois ele passa a fazer escolhas mais saudáveis, que resultam em consequências de igual qualidade. A Doutrina Espírita é uma filosofia de apoio a quem a abraça, mas nunca solução. Nós somos a solução de nossos problemas; a filosofia espiritista apenas nos torna mais lúcidos e confiantes em nós e na Providência Divina.

— Você quer dizer que, se não aplicarmos o que aprendermos a nossa vida, não haverá milagres que o façam — constatou o rapaz, reflexivo.

— Isso mesmo, Tiago — afirmou Sandra. — E seus pais, como estão?

— Minha mãe continua internada. No dia em que deveríamos sair todos juntos, ela surtou de novo e o médico preferiu mantê-la no hospital. Eles já falam em mandá-la a uma casa de internação psiquiátrica. Estou com medo de que ela não volte a ficar bem. Meu pai está em casa, sob os cuidados de todos nós, mas muito deprimido. Repete, insistentemente, que o acontecido com minha irmã foi castigo de Deus e, quando tento passar a ele o que você me falou, responde que não sei de nada — expressou Tiago, a expressão denotando grande sofrimento.

— Esse é um momento delicado para todos vocês. A separação de maneira violenta, como foi o desencarne de Sabrina, é traumatizante, e os pais ficam procurando razões que justifiquem o acontecimento. Em geral, acabam por se culpar e entram em doloroso processo de remorso. Mas tenha paciência com eles... Você se lembra de que passou por sentimentos semelhantes? Então, não os critique de maneira ferrenha; apenas auxilie-os sendo amoroso, estando presente, e ore bastante para que o Pai os beneficie com o entendimento necessário.

— Estou achando estranho também porque meu pai repete, sem parar, que vai se vingar de Eduardo, um de seus clientes, dizendo que, se foi ele quem vendeu drogas a Sabrina, vai matá-lo — falou o rapaz.

— Tudo vai se ajeitar da melhor maneira possível. Você conseguiria trazer seu pai aqui? — indagou Sandra. Nesse momento, conseguiu perceber a presença de Pentesileia como influência maligna para a família de Tiago. De imediato, elevou o pensamento a Deus, solicitando auxílio para essa infeliz criatura.

– Ele ainda está em repouso; não pode sair de casa – esclareceu o cuidadoso filho.

– É verdade. Temos alguns companheiros que fazem visitas fraternas às quintas-feiras. Pedirei que incluam sua casa. E, se for possível, gostaria de visitar sua mãe. Por favor, pergunte ao Toni se é possível. Se for, avise-me, está bem?

– Obrigado, Sandra. Tenho muita esperança na ajuda de vocês. E minha irmã, tem como saber se ela está bem? Se o que vimos faz parte desse mundo invisível de que você fala, minha irmã se tornou prisioneira daquela mulher?

– Todos estamos sempre bem, no final das contas. Vivenciamos situações que nos são necessárias à evolução moral, que nos direcionam à verdadeira felicidade. Sua irmã deverá superar as próprias limitações, mas, por fim, entenderá que somos os agentes ativos de nossa cura. Você se lembra do que falamos durante o atendimento fraterno anterior?

– Lembro-me – disse o rapaz. – Mas ainda continuo muito preocupado com ela.

– Modifique essa preocupação, de dolorosa incerteza para tranquila certeza de que tudo ficará bem. Esse bem-estar que conseguir assimilar, oferte-o a sua irmã.

– Eu a amo muito, e sinto falta dela. Gostaria de ter feito mais por ela, ter sido mais amigo, mais presente e firme no propósito de auxiliá-la a se livrar daquela turma com quem se meteu.

– Você fez o que podia. Não se esqueça, meu jovem amigo, de que também ainda é uma criança. E tenho certeza de que Sabrina sabe de suas boas intenções a respeito dela e do grande amor que lhe dedica. Esteja certo de que esses adoráveis sentimentos a ajudarão a superar essa fase – falou Sandra.

Quando Tiago entrou na sala de atendimento, uma equipe de socorristas coordenada por Inácio dirigiu-se à cidadela das Amazonas da Noite e, invisível aos olhos malévolos, conseguiu retirar Sabrina da cela onde estava presa sem que as guardiães pudessem notar a movimentação deles. Sabrina, envolvida pelos sentimentos amorosos do irmão, conseguiu enxergar os anjos do Senhor que foram em seu socorro. Ana a esperava à saída da cidadela. Carinhosa, amparou-a pelo restante do caminho.

No momento em que Tiago falou sobre ela com tanta emoção, Ana a introduziu no ambiente, acomodando-a em confortável poltrona, para que presenciasse a amorosa palestra. Sabrina emocionou-se e pediu a Ana que a auxiliasse a se aproximar de Tiago.

Com delicadeza, a menina acariciou o rosto do irmão. Nesse instante, ele e Alice perceberam sua aproximação. Fitaram Sandra com expressão interrogativa, à qual ela respondeu com um leve gesto afirmativo de cabeça. Os dois jovens irromperam em delicado pranto.

– Oh, Sabrina! Que bom que está por aqui. Aceite os conselhos desses amigos especiais e se deixe ser cuidada. Eu a amo muito, minha irmã – expressou Tiago, estendendo a mão em direção à jovem.

Alice refletiu com alívio: "Graças a Deus ela foi socorrida. Desejo a você, minha amiga, que encontre paz e serenidade nesse novo mundo em que vai viver". Mentalmente, imaginou-se dando caloroso abraço em Sabrina. A moça recebeu esse carinho e adormeceu nos braços de Ana.

Se a humanidade soubesse o poder que o amor tem para transformar a dor em serenidade, exercitaria esse nobre sentimento como o remédio mais eficaz para todos os males.

N'*O Evangelho Segundo o Espiritismo*, o espírito Lázaro, na lição A Lei de Amor, Capítulo XI – Amar o Próximo como a si Mesmo, define o amor de maneira magistral:

> *8. O amor resume toda a doutrina de Jesus, porque é o sentimento por excelência, e os sentimentos são os instintos elevados à altura do progresso realizado. No seu ponto de partida, o homem só tem instintos; mais avançado e corrompido, só tem sensações; mais instruído e purificado, tem sentimentos; e o amor é o requinte do sentimento. Não o amor no sentido vulgar do termo, mas esse sol interior, que reúne e condensa em seu foco ardente todas as aspirações e todas as revelações sobre-humanas. A lei do amor substitui a personalidade pela fusão dos seres e extingue as misérias sociais. Feliz aquele que, sobrelevando-se à humanidade, ama com imenso amor os seus irmãos em sofrimento! Feliz aquele que ama, porque não conhece as angústias da alma, nem as do corpo! Seus pés são leves, e ele vive como transportado fora de si mesmo. Quando Jesus pronunciou essa palavra divina – amor – fez estremecerem os povos, e os mártires, ébrios de esperança, desceram ao circo. [...]*

10
Superação

881. O direito de viver confere ao homem o direito de ajuntar o que necessita para viver e repousar, quando não mais puder trabalhar?

Sim, mas deve fazê-lo em família, como a abelha, através de um trabalho honesto, e não ajuntar como um egoísta. Alguns animais lhe dão o exemplo dessa previdência.

(O Livro dos Espíritos – Livro III – As Leis Morais – Capítulo XI – Lei de Justiça, Amor e Caridade – Item II – Direito de Propriedade. Roubo)

Depois de encerrados os trabalhos daquela noite, eu e meus amigos saímos caminhando pela bela cidade que nos abrigava, Ribeirão Preto, no estado de São Paulo. A noite de verão nos brindava com belíssimo céu estrelado; a lua cheia, joia da criação divina, enfeitava a abóbada celeste. Um vento suave soprava na noite, dando ao ambiente delicioso frescor no calor do verão. Algumas nuvens mais densas, aqui e acolá, prenunciavam pancadas de chuva, e vez ou outra eram iluminadas por incríveis raios luminescentes. Olhei ao redor e, extasiado diante da beleza da criação, agradeci ao Pai por poder ser um dos habitantes deste bendito orbe.

– Não há nada mais abençoado do que o momento em que conseguimos enxergar o entorno com olhos amorosos – comentou Mauro.

– É verdade, meu amigo. Há beleza em toda a natureza; lembro que a mãe de Maurício, certa vez, comentou que nunca havia presenciado nada mais belo que uma tempestade umbralina, pois é prenúncio de transformação. Dependendo da fase que vivenciamos, a destruição é a única maneira de entendermos a lei de conservação – falei ao amigo.

– Infelizmente, ou felizmente, vivenciamos ainda situações dolorosas, com a intenção de buscar a felicidade. É um paradoxo de nossas mentes perturbadas, e o sofrimento se faz necessário, pois só passamos a questionar nosso comportamento nessas situações desequilibradas – ponderou Ineque.

– Preocupo-me com a amiga Ana – expressou Mauro. – Ela tem se mostrado introspectiva, beirando a mórbido estado depressivo. Desde a última visita à cidadela, está calada, o olhar ausente, e parece não conseguir se entrosar nos trabalhos socorristas.

– Já vivenciamos ocasiões semelhantes. Nossa querida amiga é bastante sensível e precisa de um tempo consigo, a fim de assimilar informações que estavam adormecidas no subconsciente e que acabaram por despertar diante da oportunidade de recuperação. Oremos por ela. Acredito que terá infinita capacidade de superar essa prova, afinal já mostra considerável habilidade para amar fraternalmente – concluí com esperança em meu coração.

– Quanto ao que vivencia a família de Gabriel, já temos acesso a informações que poderão nos esclarecer essa perseguição da entidade que se denomina Pentesileia? – indaguei a Ineque.

— Não. Amanhã tenho uma reunião marcada com o orientador de plano melhor para esclarecimentos sobre o assunto. Espero que, assim, possamos ser mais úteis aos irmãos em sofrimento – tornou Ineque.

— Qual será o motivo que impele Gabriel a se culpar pelo desencarne de Sabrina? – inquiriu Mauro.

— Gabriel trabalha como advogado de vários meliantes ligados ao tráfico de entorpecentes – respondi. – É notório o envolvimento com esses infelizes senhores do mal. A riqueza fácil, sem esforço benéfico, infelizmente o encantou sobremaneira.

— A sensação de culpa, então – acrescentou Mauro –, deve ter origem nesse triste envolvimento.

— Apesar de ter consciência do mal que as drogas adictícias causam a nossa sociedade, Gabriel livrou vários dos clientes das mãos da justiça por meio de corrupção de nossos magistrados e policiais, e mesmo utilizando falhas na legislação criminal; dessa maneira, manteve nas ruas os que acabaram por envolver Sabrina – esclareceu Ineque.

— Lei de ação e reação... Lembra-me amorosa advertência de nosso mestre, Jesus: "Ai do mundo por causa dos escândalos! Porque é necessário que sucedam escândalos, mas ai daquele homem por quem vem o escândalo" – expressei circunspecto.

— O sofrimento para Gabriel será valoroso instrumento de reflexão se for bem direcionado; porém, se sua mente se conduzir de maneira rancorosa, invocando a si mesmo o falso direito de retaliação, como tem acontecido em silêncio, vai se comprometer mais e mais perante as leis divinas – ponderou Ineque.

Chegamos à porta de um templo evangélico que comungava vigília de 24 horas em benefício da humanidade. Logo à entrada, encontramos amável equipe de trabalhadores do plano espiritual que nos recebeu com carinho.

– Boa noite – cumprimentou-nos uma senhora de semblante sereno.
– Boa noite. Permitiria que entrássemos? – perguntou Mauro.
– Fiquem à vontade. Se for do agrado dos irmãos poderei acompanhá-los – ofereceu-se Luzia.
– Agradecemos a sua ajuda. Meu nome é Mauro. Os amigos que me acompanham são Vinícius e Ineque.
– Esse é um templo de segmento evangélico? – indaguei a Luzia.
– É o nome utilizado por seu fundador, mas, infelizmente, o objetivo principal dos dirigentes dessa comunidade é estritamente financeiro. Toda a administração funciona como empresa, e o produto vendido é a falsa fé. O que também não exclui os que entram no ambiente de boa vontade e em busca de respostas para suas dores – explicou Luzia.
– Enquanto caminhávamos pela cidade, vínhamos discutindo assunto parecido, sobre a necessidade dos escândalos, mas também que aquele que produz o escândalo não se furtará a viver as consequências – comentei com a amável senhora.
– Hoje está acontecendo uma noite de vigília em prol da humanidade. Se os amigos ficarem por aqui, perceberão o esforço de amor dos participantes, enquanto os pastores, treinados na arte da oratória, incitam-nos a manifestar de maneira ostensiva sua participação. Também, de hora em hora, cobram-lhes contribuição financeira em benefício de Jesus – esclareceu Luzia.
– Vejam a quantidade de boa energia doada pelos irmãos de boa vontade e que está sendo recolhida pelos socorristas – Ineque chamou-nos à atenção. – Com certeza, será utilizada em prol da humanidade.
– O débito é sempre proporcional à qualidade das intenções. O mal ainda persiste e habita nossa mente, mas mesmo essa energia

gerada no desequilíbrio pode ser manipulada em nosso benefício. A manifestação divina pode ser vista no mais triste lodaçal – tornei. – Percebo nos comentários da irmã certo ressentimento com essa comunidade evangélica.

Luzia fitou-me e abaixou a cabeça.

– Já fiz parte dessa igreja. Cheguei a ela motivada pelo desespero de algumas situações que andava vivendo. Acreditei que havia encontrado auxílio e dediquei-me de corpo e alma à causa proposta por esses dirigentes. Quando me dei conta do que estava acontecendo já era tarde para me livrar das consequências. Os problemas que eu tinha eram pequenos diante dos que passei a vivenciar. Perdi minha família, meus bens materiais, que doei à congregação acreditando que, livrando-me das amarras, seria livre para recomeçar. Quando não tinha mais nada, tornei-me *persona non grata*, a ponto de barrarem minha entrada. Estava atrapalhando o aliciamento de outros infelizes ignorantes como eu. Minha família, revoltada pelo que eu havia feito, expulsou-me de seu convívio, e acabei mendigando pelas ruas, pois até o teto que me abrigava havia doado – relatou Luzia.

– E a irmã faz o que por aqui? – inquiriu Mauro.

– Após o meu desencarne, vaguei como louca por aqui. Fui tratada como demônio. Cada vez que tentava me manifestar para denunciar o mal sofrido, amarravam-me e me amordaçavam. Até o dia em que consegui enxergar o auxílio do Pai e fui tratada com carinho e amor. Despertei para uma vida melhor e me foi proposto trabalhar aqui, junto a esses irmãos, procurando ajudá-los no entendimento cristão da vida, mas preciso exercitar a educação de minha mente, pois o ressentimento ainda brota em meu coração. Obrigada pelo alerta; estarei mais atenta a meu propósito de auxiliar sem criticar.

Permanecemos mais algum tempo com Luzia e constatamos, felizes, o esforço que a anfitriã fazia para sublimar as mais densas sensações que chegavam a seu campo vibratório. Por fim, despedimo-nos com carinho e continuamos nossa caminhada. Dirigimo-nos ao bosque da cidade, com a intenção de observar o nascer do sol desse lugar peculiar.

Chegando ao destino, encontramos Ana sentada em um banco com os olhos baixos e as mãos cruzadas sobre o colo. Compadecido pelo visível desconforto emocional de minha adorável amiga, aproximei-me e pedi licença para sentar-me a seu lado. Toquei sua mão levemente.

– Filha, olhe para mim.

Ana levantou o rosto banhado por grossas e sentidas lágrimas.

– Pensei que quando essa hora chegasse para mim, teria mais equilíbrio para enfrentar meus desatinos pretéritos – confessou-me a jovem com o olhar atormentado por um passado malévolo.

Abracei-a carinhosamente.

– Apenas descanse um pouco e ouça o que esse espírito imperfeito anda vivenciando por aí. Já deparei com várias lembranças dolorosas de um passado que rejeito com firmeza. Não que queira apagá-lo de minha vida, mas o rejeito com o coração e a mente do novo Vinícius; que sei, também, será rejeitado pelo Vinícius do futuro. Hoje, aprecio meus sentimentos e minhas ideias, e sei também que só cheguei até aqui porque vivi intensamente as consequências dos atos bons e dos desequilibrados, em particular, pois é por intermédio desses enfrentamentos dolorosos que nos renovamos para a vida. Doce Ana, agradeça a Deus, que lhe permitiu vivenciar essas lembranças com a possibilidade de auxiliar àqueles que ficaram na retaguarda. Tal confiança do Pai é a prova que precisa de sua capacidade, pois Ele jamais permitiria que você passasse por esse momento se não acreditasse que pode superá-lo.

Ana respondeu-me amorosa:

– Obrigada, meu amigo. Só me permita chorar como bálsamo curativo para minha alma.

Ineque e Mauro aproximaram-se.

– Venham, vamos somar um pouco da poesia da natureza a esse momento de amizade.

Ana levantou-se devagar e se dirigiu ao mirante que dava vista para o lindo amanhecer. Com voz melodiosa e triste, recitou um belo poema sobre amizade e amor.

Veio em nossa direção com o rosto iluminado pelos primeiros raios de sol e disse com serenidade:

– Há alguns dias recebi em minha caixa de mensagens esse belo texto de amor. Emocionou-me muito e o decorei; agora partilho com vocês. Temos trabalho à espera, e estou disposta a transformar minha dor em felicidade. Vocês me ajudam?

Felizes, dirigimo-nos à casa espírita Caminheiros de Jesus.

11
Beligerância amorosa

882. O homem tem o direito de defender aquilo que ajuntou pelo trabalho?
Deus não disse: "Não roubarás?". E Jesus: "Daí a César o que é de César"?
Aquilo que o homem ajunta por um trabalho honesto é uma propriedade legítima, que ele tem o direito de defender. Porque a propriedade que é fruto do trabalho constitui um direito natural, tão sagrado como o de trabalhar e viver.

(O Livro dos Espíritos – Livro III – As Leis Morais – Capítulo XI – Lei de Justiça, Amor e Caridade – Item II – Direito de Propriedade. Roubo)

Alguns dias se passaram. Dora, mais equilibrada emocionalmente, teve alta e voltou para casa.

Gabriel mostrava-se bastante quieto, o olhar perdido em terríveis panoramas mentais. Tristes pensamentos fixavam-se em sua mente e não o abandonavam. Urdia terríveis planos de vingança contra Eduardo, um cliente seu envolvido no tráfico de drogas e maior distribuidor na região onde moravam as famílias mais abastadas da grande capital paulista.

Quanto mais pensava, mais certeza tinha de quem era o causador de sua desgraça, sem considerar o próprio envolvimento com tais meliantes, ou sequer cogitando a responsabilidade que tinha na maneira como havia conduzido a educação de Sabrina, sempre valorizando interesses materiais. Pensava que não deveria se sentir culpado por defender um cliente; fazia apenas o seu trabalho, para o qual era pago, e apegava-se à ideia de "A justiça é cega" – todos mereciam defesa perante a lei –, acabando por adaptar essa máxima às próprias ideias e necessidades.

Naquela manhã, sentia-se bem, mais fortalecido e disposto a resolver seus problemas. Vestiu-se com esmero e disse à família que estava voltando ao trabalho.

Adelson conduziu o carro à porta central da grande mansão. Gabriel entrou e sentou-se, permitindo que o motorista o levasse ao luxuoso edifício onde tinha um conjunto de escritórios. Subiu ao décimo andar, abriu a porta e foi recebido pela secretária, Kátia, que o cumprimentou efusivamente, desejando-lhe bom retorno. Gabriel agradeceu e lhe pediu que contratasse um táxi, para dali a meia hora.

– Mas... o senhor está bem para sair sozinho? Não seria melhor pedir ao motorista que venha pegá-lo? – sugeriu Kátia.

– Você já tem suas ordens. Ou deverei procurar alguém com maior capacidade para cumpri-las? – tornou Gabriel com aspereza.

– Não se preocupe, o senhor terá seu táxi em trinta minutos – disse a secretária, visivelmente magoada com a reação intempestiva de Gabriel.

O advogado entrou na sala e trancou a porta. Abriu o cofre e tirou uma arma, verificou se estava carregada e a escondeu no bolso interno do elegante terno.

Os minutos correram e Kátia bateu discretamente à porta, avisando que o táxi havia chegado. Gabriel levantou-se da confortável poltrona, sentiu forte mal-estar e voltou a se sentar. Decidido, ponderou: "Nada vai me demover de minhas intenções. Se tiver de morrer, será vingando a morte de minha filha". Voltou a levantar e, com determinação, tomou o elevador, saiu para o saguão do grande prédio e pegou a condução que o levaria ao destino pretendido.

Nesse momento, Mauro veio ao nosso encontro pedindo ajuda. Logo nos deslocamos e chegamos à casa de Eduardo, antes mesmo de nosso atendido. Ele estava no escritório e pensava: "Preciso compensar Gabriel por sua perda. Ele é o melhor advogado que já tive. Livrou-me de boas confusões e sem muito custo para a organização. Vou seguir o conselho de Basílio". Mais tranquilo pela decisão tomada, atendeu o interfone que tocava em sua mesa.

– Gabriel? Aqui e agora? Lógico, peça a Edneia que o traga a meu escritório.

Mauro acompanhava Gabriel de perto, tentando intuí-lo a desistir de seus propósitos; porém, nosso tutelado, preso às próprias ideias doentias, rechaçava a aproximação.

Pentesileia nos observava com um sorriso cínico.

– Não se preocupem, não vou interferir – avisou. – Não será necessário. Observem.

Gabriel, cenho franzido, entrou no gabinete de Eduardo. Este se levantou da poltrona para recebê-lo.

– Caro amigo, deveria ter ido visitá-lo, mas pensei que seria inconveniente. Esperei que estivesse melhor e, quando me decido, você aparece por aqui. Sente-se, precisamos conversar sobre um novo contrato, muito mais vantajoso ao amigo. Basílio, nosso chefe, aconselhou-me a triplicar seu salário e presenteá-lo com aquela casa de praia da qual tanto gostou. Você tem nos prestado inestimáveis serviços e já é hora de participar de nossos lucros. A partir do próximo ano, que já está aí, terá uma porcentagem, simbólica a princípio, que demonstrará nosso agradecimento e satisfação. Mas, à medida que demonstrar seu valor, será reajustada.

"Bom, diante desse fato, irei aproveitar as vantagens, mas não desistirei de minha vingança. Sua hora está marcada", refletiu Gabriel.

Eduardo continuou:

– Soube que sofreu uma cirurgia. Está tudo bem? Já pode voltar ao trabalho?

– Imediatamente – replicou Gabriel com frieza.

– Ah, soube também da morte de sua filha... Mas é melhor não falar sobre tristezas. Pense no que vai fazer com toda essa dinheirama. Pode contar que intercederei junto ao chefe cada vez que merecer aumento, afinal, tenho uma dívida moral com o amigo – comentou o meliante rindo alto.

– E sua família, está bem? Seu filho está bom? – indagou Gabriel, mais por civilidade do que por verdadeiro interesse.

– Eduardo Júnior anda meio adoentado. Os médicos não sabem bem o que anda acontecendo com o menino; deve ser coisa de adolescente – tornou o outro, o cenho franzido em sinal de preocupação.

– Eduardo tem a mesma idade de Alice? Se não me engano, os dois têm apenas dois meses de diferença, não é isso? – questionou o advogado com cinismo.

Eduardo o olhou com expressão séria. Tentava controlar a ira quando disse:

– Você sabe que não gosto de falar disso. Não repita esse erro.

Entristecidos, saímos do ambiente, seguidos de perto por Pentesileia.

– Você sabia exatamente o que iria acontecer – falei, pesaroso.

— Eu o conheço há muito tempo. Sei como é sua índole, como vendeu a alma da filha. Um dia, também fui mercadoria dele – replicou Pentesileia entredentes.

— A irmã sofre a ação desse irmão até hoje? Será que não está dando mais importância ao fato ocorrido do que a si mesma? – perguntou Ineque.

— Ah, não percebe que sua maneira de pensar não me atinge? Sou Pentesileia; possuo toda uma cidadela sob meu comando, sou perita na arte de manipular e controlar. Sei, exatamente, o que pretende com essa conversa. Suas palavras saem impregnadas de sua energia, que diz ser amorosa. Você só se engana, porque ainda não entendeu que há muito tempo não sei amar, e esse não é o momento de redescobrir um sentimento tão tolo, que nos deixa à mercê dos traidores – sibilou a triste figura, os olhos chamejantes pela própria dor.

— Estaremos por aqui. Um dia, quando perceber a improdutividade de tal comportamento, que a teimosia originada no ódio, produto de acontecimento tão longínquo, não mais tem razões para continuar a ser alimentada, acredito, com esperança, que se entregará às mãos do Pai amado, porque sentirá de novo sua origem divina, a origem amorosa – disse-lhe com afeto.

Pentesileia olhou-me longamente, e, com tristeza espelhada no olhar profundo, redarguiu:

— Talvez uma parte de mim anseie por esse momento, mas o que ainda me dá lucidez e razão para continuar é apenas a ideia de vingança – argumentou a melancólica amazona.

— Permita que a auxilie, pelo menos, a curar seus ferimentos – pedi com humildade.

— Eu os mantenho vivos na dor, para que a minha mente não relegue ao esquecimento a traição sofrida – retrucou com ansiedade, e, tomando de um punhal entre as mãos, desferiu terrível golpe contra si mesma, friamente torcendo a arma dentro do corpo.

Tocado do mais profundo sentimento de compaixão, fechei os olhos. Doce luminescência emanava de minhas mãos e tocava delicadamente a ferida infectada de vermes. Pentesileia, por um breve momento, permitiu esse carinhoso cuidado; porém, dando-se conta do que ocorria, furiosa, saiu em disparada rumo às trevas de sua dor moral.

Mauro aproximou-se de mim.

– Hoje nossa querida irmã foi tocada pelas bênçãos do Pai – falou em tom esperançoso. – O conflito vai se fazer presente em sua mente. Temos de dar graças por esse instante abençoado.

Voltamos à casa espírita Caminheiros de Jesus. Era dia do estudo d'*O Evangelho Segundo o Espiritismo* e d'*O Livro dos Espíritos*. Na assistência, encontramos Toni, Flor, Alice e Tiago, que se mantinham assíduos no propósito de educação moral por intermédio do conhecimento do pentateuco espírita.

Acompanhamos os estudos junto à assistência. A leitura d'*O Evangelho Segundo o Espiritismo* foi feita por amorosa companheira, trabalhadora da casa, e falava sobre a vida futura, assunto tratado no Capítulo II – Meu Reino Não É deste Mundo, e *O Livro dos Espíritos* tratava das Leis Morais, no Livro III, Capítulo I – A Lei Divina ou Natural.

Nossos assistidos, interessados pelo assunto, ao final da preleção fizeram algumas perguntas para esclarecer dúvidas.

– Sandra, você falou sobre a imutabilidade das leis divinas. Como isso se relaciona às leis sociais? – quis saber Tiago.

– As leis divinas, ou leis naturais, são as que regem o equilíbrio universal, tanto no aspecto material como no aspecto moral. São leis perfeitas, pois foram criadas por Deus. As leis sociais são criadas de acordo com o entendimento moral dos agrupamentos humanos, e, conforme esses agrupamentos evoluem moralmente, as leis também se modificam para atender às novas necessidades. Podemos tomar como exemplo a diversidade de códigos legais existentes no planeta. Por exemplo: no continente asiático, as leis são regidas pela somatória dos diversos costumes, até mesmo os religiosos, algo bem diferente das leis que regem as comunidades ocidentais. Mesmo dentro de um mesmo país, como os Estados Unidos, há divergências legais; alguns estados ainda mantêm a pena de morte, outros a condenam. Consegui responder a sua pergunta, Tiago? – falou Sandra com adorável sorriso nos lábios.

– Respondeu sim. Estou gostando muito dos estudos. Tenho conseguido enxergar coisas sobre as quais nunca havia pensado – comentou o rapaz.

– Que bom, meu amigo. Alguém mais tem dúvida? – questionou a palestrante.

– Na questão 618, sobre a homogeneidade das leis divinas para todos os mundos... Como isso se dá? – perguntou uma senhora.

– A resposta que temos é que as leis divinas, como as vemos, são a representação do que podemos compreender no momento; conforme os mundos vão evoluindo, o entendimento e a prática dessas leis vão se aprimorando. Voltemos a Moisés. Ele nos trouxe regras de conduta por meio da transcrição dos dez mandamentos, e isso foi necessário naquela época, para um povo bárbaro e quase sem noções básicas de moralidade social. Para que essas regras fossem cumpridas, para que funcionassem de maneira adequada, criou-se a imagem de um Deus punidor. Jesus veio transformar essa ideia, apresentando-nos um Pai amoroso, cuidadoso, e que nunca condena a falta dos filhos. A Doutrina Espírita, por sua vez, propõe-nos a moralidade consciente e não mais imposta.

Percebem como a mesma noção de moralidade já nos foi apresentada de diversas formas, de acordo com a nossa capacidade de entender? Estendendo, portanto, esse mesmo conceito para os mundos inferiores e superiores, teremos uma diversidade de formas da mesma lei: a lei natural, ou da natureza – explanou Sandra.

Os estudos foram encerrados e alguns participantes mais antigos permaneceram na casa para a segunda parte do trabalho da noite: a educação prática da mediunidade.

Nossos quatro tutelados voltaram para casa e, durante o trajeto, foram trocando ideias sobre os assuntos discutidos ao longo da noite. Toni deixou os amigos em casa e voltou ao hospital. Naquela noite, ficaria de plantão.

– Boa noite a todos – despediu-se Toni.

Os amigos desejaram-lhe boa-noite também.

Assim que subiram a escadaria que levava à porta central da grande casa, Tiago perguntou:

– Flor, a Alice pode ficar aqui fora um pouco? Gostaria de conversar com ela.

– Está bem, mas não demorem. Amanhã cedo tem escola – avisou Flor, já se distanciando.

– Vamos à fonte? – indagou Tiago.

– Vamos sim. Gosto muito desta parte do jardim. As árvores altas e os respingos da fonte deixam a noite mais fresca e, com esse calor, toda ajuda é bem-vinda – replicou Alice com um sorriso.

Tiago a tomou pela mão e os dois jovens se encaminharam ao destino combinado. Sentaram-se confortavelmente em um banco sob um grande e florido ipê. Uma brisa suave balançava os galhos das árvores, e as minúsculas flores caíam sobre eles como flocos de neve. Encantada, Alice riu alto, ficou em pé e ergueu os braços em direção às coloridas pétalas.

Tiago a observava, também sorrindo. "Nossa, como é linda! Como será que vai reagir ao que vou falar?", perscrutou.

– O que foi? Por que me olha assim?

Tiago se levantou do banco e a abraçou com carinho, dizendo baixinho em seu ouvido:

– Eu amo você, mais do que tudo em minha vida. Só queria que também me amasse.

Alice se afastou e encarou fascinada o rosto de Tiago. Com delicadeza, segurou o rosto do rapaz entre as mãos e respondeu, emocionada:

– E você ainda duvida disso? Também o amo muito. Desde pequenininha sabia que você e eu ficaríamos juntos e teríamos uma vida maravilhosa. Nos últimos tempos tenho sentido insegurança, e temi que fosse apenas invenção de minha cabeça.

Tiago, com um sorriso de satisfação, beijou-a. A união do jovem casal criou ao redor doce energia, que se expandiu em todas as direções.

Entre as árvores, a sofrida amazona observava com rancor.

– Não pensem que, porque os garotos mantêm um padrão vibratório melhor, não poderão ser atingidos. Sei muito bem por onde infiltrar a interferência – tornou a enfurecida mulher.

Em seguida, dirigiu-se ao interior da mansão, emitindo estranho som. Em segundos estava cercada de mais oito mulheres armadas com os arcos e flechas.

De imediato, solicitamos a presença de uma equipe socorrista, que, sob o comando de Ineque, posicionou-se em volta dos aposentos de Gabriel e Dora, construindo magnífica cúpula energética e isolando, assim, o casal ainda enfraquecido pelas doenças física e emocional, e pelo desencarne de Sabrina.

Pentesileia aproximou-se de mim e bradou com raiva:

— Você presenciou a ação ambiciosa desse verme. Relegou a vingança pela morte da filha em troca de poder e dinheiro. Por quê, então, defende-o?

— Não estou aqui para julgar ninguém, mas para auxiliar. E sabemos que Gabriel pode ainda modificar seu comportamento. Precisa vivenciar momentos de serenidade para que se refaça e possa sentir a presença de Deus no coração. O mesmo benefício que oferecemos à irmã.

Encarando-me de forma belicosa, a amazona retrucou com intensa emoção transparecendo na voz rouca:

— Não sou sua irmã!

Comandando mentalmente suas guerreiras, ordenou um ataque maciço às barreiras de contenção energética. Rodeados por inúmeras entidades vestidas de amazonas, pudemos observá-las erguer os arcos e flechas e dispará-los rumo aos aposentos de Gabriel e Dora.

As flechas dividiam-se e multiplicavam-se à medida que ganhavam velocidade, e emitiam estranho som, agudo e cadenciado, que servia como veículo hipnótico aos menos avisados; porém, preparados para reagir amorosamente a qualquer ação invasiva, posicionamo-nos e, trabalhando com a mente voltada ao Pai, transmutamos a densa energia em dúlcida chuva de pequenas gotas de luz prateada, que alcançava cada uma daquelas entidades.

Pentesileia, enraivecida, ordenou estratégica retirada das guerreiras, embora algumas daquelas infelizes mulheres, tocadas pela energia de amor, enfraquecessem e resvalassem ao chão. Iam sendo socorridas e transportadas para lugares de refazimento pelos benditos trabalhadores do Senhor da Vida.

12
Dolorosas lembranças

883. O desejo de possuir é natural?
Sim, mas quando o homem só deseja para si e para sua satisfação pessoal, é egoísmo.

883-a. Entretanto, não será legítimo o desejo de possuir, pois o que tem com que viver não se torna carga para ninguém?
Há homens insaciáveis que acumulam sem proveito para ninguém ou apenas para satisfazer as suas paixões. Acreditas que isso seja aprovado por Deus? Aquele que ajunta pelo seu trabalho com a intenção de auxiliar o seu semelhante pratica a lei de amor e caridade, e seu trabalho é abençoado por Deus.

(O Livro dos Espíritos – Livro III – As Leis Morais – Capítulo XI – Lei de Justiça, Amor e Caridade – Item II – Direito de Propriedade. Roubo)

Um novo dia despertava em todos nós a esperança de renascer em nossos saudáveis propósitos. Ainda preocupados com nossa amiga Ana, resolvemos ir a seu encontro. Nós a encontramos na torre de observação do prédio espiritual da casa espírita

Caminheiros de Jesus. Sua aparência estava melhor, embora os olhos ainda espelhassem certa tristeza, remanescente das últimas recordações. Mas não se via mais o tormento encontrado nos primeiros instantes do doloroso reajuste.

Aproximei-me de Ana e pedi sua autorização para sentar-me a seu lado. Sorrindo, ela nos convidou a partilhar esse incrível momento do nascer do astro-rei.

– Obrigada aos amigos pela preocupação. Pedi ao amável amigo de nossa comunidade, sr. Dirceu, que solicitou esse trabalho socorrista a Mauro, que me auxiliasse em minhas recordações, com a intenção de agir com clareza e justiça – contou Ana, fitando-nos com emoção. Tomou fôlego e prosseguiu: – No início da colonização do Brasil, vim com minha família para cá; contava apenas onze anos. Meu pai, nobre comerciante, porém com algumas diferenças com a Coroa, foi obrigado a aceitar a oferta do rei de Portugal e ser um dos colonizadores. Já no Brasil, conheceu um sujeito de má índole, mas muito rico e apoiado pela Coroa, que lhe permitia realizar o que quisesse. Propôs a meu pai alguns negócios interessantes e escusos. Em troca dos benefícios, queria que eu lhe fosse dada. Meu pai cedeu aos desejos do infeliz, apenas exigindo que se casasse comigo. Assim, aos onze anos, estava casada e sozinha com um homem de mente e desejos doentios. Não vou descrever as humilhações e os sofrimentos impostos a uma criança que sequer entendia o que se passava. Aos doze, estava grávida, doente e sendo seviciada e espancada constantemente.

De novo Ana precisou fazer uma pausa e controlar as fortes emoções que lhe invadiam a mente.

– Ele me ameaçava a todo instante, para que cedesse passiva às práticas abusivas do sexo. Meu filho nasceu e foi entregue às amas de leite para ser criado. Era proibida até mesmo de pegá-lo em meu colo. Não demorou e estava grávida de novo, e as mesmas humilhações se repetiam sem descanso. Aos dezoito anos, já tinha seis filhos. Eu os amava demasiado, mas não podia participar da vida deles. Observava-os de longe, ficava atrás de portas e janelas, para ouvir suas vozes e vê-los brincando pela casa. Ingênua, não percebia que a maioria das jovens escravas, também eram usadas pelo maldoso senhor e, com regularidade, davam à luz crianças geradas na violência. Um dia acordei com vários homens me observando. Assustada, gritei por socorro e o infeliz esposo calou-me com violenta bofetada. Em pânico, sentia todo o corpo estremecer. Ouvia o sangue correr acelerado pelas minhas veias, e eles passaram a me despir e a me avaliar como se fosse uma mercadoria barata. O pavor foi me dominando, até o momento em que senti enorme impacto em meu peito. O medo, somado a intenso sentimento de repulsa e à saúde fragilizada pelos maus-tratos, ocasionou grave parada cardíaca. Passei ao mundo dos espíritos sem saber o que havia acontecido.

Dominada por intensa emoção, nossa amiga fez breve pausa antes de continuar:

– Desarvorada, vaguei por aqueles sítios, tentando proteger meus filhos. Incapaz de livrá-los das garras do pai insano, presenciei o crescimento dos infantes na presença do doente moral. As meninas cresciam, e seus jovens corpos se transformavam, instigando a cobiça nos olhos do pai. Em desespero, vi-o acabar com a inocência de cada uma delas, para depois obrigar os próprios filhos a iniciar a vida sexual com as irmãs. À beira da loucura, fui encontrada por Pentesileia. Ela constituíra um grupo de mulheres rancorosas com seu passado de servidão. Juntei-me ao grupo com a promessa de vingança, em meu nome e no de minhas filhas.

Suspirando, Ana prosseguiu:

— Fui recolhida à cidadela das Amazonas da Noite, socorrida e tratada por essas mulheres com desvelo e carinho. Iniciei o estranho aprendizado, recebi intenso treinamento de combate, todo baseado na manipulação de energia. Quando estava pronta, fui iniciada através de bizarra cerimônia, quando meio seio direito foi extirpado pela faca afiada de nossa sacerdotisa. Apesar de livre da matéria, a dor foi lancinante, mas sabia que isso aconteceria – o propósito principal desse costume era nos lembrar de nossos objetivos a cada segundo da existência; e, no âmbito prático, o seio não atrapalharia o uso do arco. Durante a cerimônia, recebi também o nome pelo qual seria conhecida na comunidade: Hipólita. Devido ao carinho especial que Pentesileia me dedicava, ofertou-me o nome daquela que seria sua irmã segundo a lenda das amazonas. Estava mais que preparada para minha vingança!

Nossa amiga Ana apresentava o semblante triste, as lembranças voltando em melancólica procissão.

— Montamos acampamento na fazenda. Vários anos haviam decorrido. O terrível carrasco estava envelhecido e beirava a loucura. Os atos de maldade cobravam-lhe justa punição; ao redor, um mundo de maldade que o assediava e enlouquecia. Senti estranha felicidade ao vê-lo como um farrapo, e não mais o exuberante homem que fora. Aproveitei a ira de cada uma daquelas infelizes criaturas que, vorazes, obedeciam a minhas ordens. No auge do desespero, o torturador atirou-se de um penhasco que existia dentro da propriedade. Exultantes, eu e minhas companheiras o aprisionamos, torturamos e o transformamos em dócil lobo, que obedecia a nossas ordens e propósitos. Aos poucos, fui mudando. Os atos violentos de vingança não mais satisfaziam meus desejos. Tornei-me arredia e depressiva. Pentesileia e todas as outras mulheres faziam de tudo para me animar, mas aquilo não era mais o que queria; sentia saudade, e nem mais sabia do quê. Entristecida, isolei-me do grupo. Quando minha consciência despertou para o mal que praticava, urrei de dor e arrependimento. Nessa ocasião, consegui enxergar além daqueles sítios de dor; estendi as mãos e fui socorrida por amorosa senhora, que depois reconheci como a ama de leite de meus filhos, e que sempre me olhava com compaixão, sem poder se aproximar. Pegou-me no colo e me embalou como fazia com eles.

Agora o pranto corria livre pelo rosto da irmã.

– Já socorrida em uma casa de bênçãos, ouvia o choro e os lamentos de Pentesileia. Isso me enlouquecia; sentia remorso por abandoná-la. Solicitei socorro para a querida amiga, mas ela, ainda presa às próprias dores, transformou o amor que sentia por mim em terrível e avassalador ódio. Nas oportunidades que tive de reencarnar, a determinado ponto dessas vivências, ela me encontrava e despertava o terrível sentimento de culpa e remorso, e eu sucumbia à sua sugestão, colocando fim à bendita existência que vivia, desencarnando sempre muito jovem. A cada desencarne, a amazona me escravizava, e sofria terrível assédio para que de novo me juntasse a elas. Mas as práticas belicosas já não me encantavam e, mais cedo ou mais tarde, recebia socorro. Após abençoado planejamento encarnatório, enfim consegui levar até o final uma encarnação, ainda com desencarne prematuro, devido à debilidade de meu espírito, mas uma maravilhosa vitória, que abriu caminho para a assimilação de abençoados conceitos cristãos.

Nesse momento, vi esboçar-se no rosto de Ana o início de um sorriso.

– Perdoei o amado irmão, que, confuso a respeito de sua origem divina, tanto mal fez a outros, ainda necessitados dessas admiráveis experiências; perdoei Pentesileia por seu equivocado modo de expressar amor; mas, o que foi mais importante, perdoei a mim mesma, permitindo a meu espírito o excelente exercício da recuperação moral, e acreditei que minha parte nessa história havia terminado. Hoje, percebo que não terminou, e, em um primeiro momento, senti certo pânico e repulsa em relembrar os dolorosos e benditos acontecimentos. Porém, agora também enxergo a magnífica oportunidade de usar os conhecimentos morais que venho adquirindo nos últimos tempos, socorrendo em agradecimento a Deus pelo apoio que recebi desses amorosos trabalhadores das égides divinas. Sinto-me pronta, e peço aos amigos que me acompanhem à cidadela de dor.

Emocionados, juntamo-nos à querida Ana em confortador abraço de amizade sincera. Com a voz embargada, convidei:

– O que estamos esperando? Coloquemo-nos a caminho!

Decididos, tomamos a já conhecida trilha da cidadela. Durante o percurso, Maurício inquiriu a Ana:

– Gabriel foi esse senhor que tanto causou sofrimento?

Ana voltou-se para ele com serenidade.

– Ele mesmo – respondeu. – Nas outras oportunidades reencarnatórias que desfrutou nesse abençoado mundo de Deus, aprendeu alguns conceitos importantes, que se encontram latentes em sua consciência, mas, diante da facilidade do enriquecimento fácil e ilícito, ele não recua, colocando até mesmo a família à mercê de indivíduos inescrupulosos, inclusive justificando os próprios atos como benéficos para os seus. Gabriel continua bastante ambicioso e sem respeitar as regras sociais e morais. Delinquiu mais uma vez, a exemplo das anteriores. Antevejo tristes momentos probatórios na vida desse irmão.

– Pelo que você falou, o maior problema de Gabriel está sempre ligado a aquisição de bens materiais. Armazena riquezas na

Terra e se esquece da vida futura, ignorando acintosamente as consequências que vai viver – ponderei, pesaroso pelas tristes escolhas do irmão.

– O socorro está a caminho, então há esperança para o futuro. Atendamos à solicitação do Pai e o auxiliemos a encontrar dentro de si mesmo as mais belas noções de moralidade intrínsecas em nossa natureza divina – aconselhou Mauro.

– Estamos entrando em território da comunidade das Amazonas da Noite. Mentalizemos com amor o trabalho que aqui nos propusemos a realizar – alertou-nos Ineque.

Ao redor, o desequilíbrio manifestava-se de formas grotescas. As infelizes criaturas vinham ao nosso encontro, afrontando-nos com práticas aberrantes, porém cientes das limitações envoltas nas trevas da própria mente. Fitamo-nas com carinhoso cuidado, e, diante de postura ereta e firme, iam se afastando do caminho, enquanto sutil mudança em seus corpos energéticos se manifestavam a nossos olhos atentos.

Admirável mundo novo, renascido das cinzas dos sentimentos mais mesquinhos que podem habitar a mente, presos às trevas das dolorosas vivências na ignorância do Bem Maior, mas que, transformados pelas leis divinas, vívidas na consciência mental eterna, renascem em fulgurantes formas de esperança e amor. Ah, Pai amado, como agradecer essas oportunidades que venho vivenciando e que se renovam constantemente em fantásticas cores, que nos encantam e extasiam diante da promessa eterna de felicidade?

Esse seu filho, ainda preso a tantos conceitos de amar inadequados, ajoelha-se agradecido a Seus pés, por poder enxergar além dos próprios limites, graças a esses admiráveis amigos com os quais partilhamos nossa vida.

Ana, à frente, cantava com bela voz um lindo poema de esperança. Criando sons belíssimos com a voz cristalina. Voltou-se para nós, sorrindo feliz, os olhos brilhando com vivacidade e o semblante de novo sereno.

13

Amor e tempestade

884. *Qual é o caráter da propriedade legítima?*
Só há uma propriedade legítima, a que foi adquirida sem prejuízo para os outros.

A lei de amor e de justiça proíbe que se faça a outro o que não queremos que nos seja feito, e condena, por esse mesmo princípio, todo meio de adquirir que o contrarie.

(O Livro dos Espíritos – Livro III – As Leis Morais – Capítulo XI – Lei de Justiça, Amor e Caridade – Item II – Direito de Propriedade. Roubo)

Enquanto dirigíamo-nos à cidadela, Tiago procurava os pais para contar sobre o namoro com Alice. Acreditava que, após todo o sofrimento que haviam vivido com o desencarne de Sabrina, as ideias preconceituosas não existiriam mais. Feliz, dirigiu-se ao terraço que rodeava a casa, ao lado da grande piscina.

– Posso me sentar com vocês? – indagou com carinho.

Gabriel levantou os olhos da revista que folheava, fitou o rapaz e apenas anuiu afirmativamente.

— Queria contar algo que aconteceu e que está me fazendo muito feliz.

No mesmo instante, Dora levantou-se com violência da poltrona onde estava sentada, derrubando uma jarra de suco sobre a mesa à frente. Avançou em Tiago e, com agressividade, passou a socá-lo e a gritar em descontrole:

— Desgraçado! Você matou sua irmã e ainda está feliz! Quero que suma de minha vida; não quero vê-lo nunca mais. Demônio assassino! Saia daqui ou eu mesma vou acabar com sua vida.

A infeliz mulher bradava em descontrole. Tanto Tiago como Gabriel, paralisados pela surpresa da desvairada reação de Dora, permaneceram petrificados diante da grotesca cena de violência.

Flor, que vinha trazendo uma bandeja com guloseimas para o casal, reagiu de imediato. Depositando na mesa o que estava nas mãos e segurando Dora com firmeza, falou com docilidade, enquanto mentalizava pedido de socorro ao plano espiritual:

— Calma, dona Dora! Acalme-se, está tudo bem. Relaxe e venha comigo. Vou cuidar da senhora.

— Oh, Flor! Esse moleque assassino não cansa de me fazer sofrer.

— Acalme-se e fique em silêncio, isso vai lhe fazer bem.

Com delicadeza, Flor foi conduzindo Dora em direção ao quarto. Com paciência e sempre falando baixinho, acomodou-a na cama, medicou-a segundo instruções do psiquiatra e manteve-se a seu lado, segurando-lhe as mãos até que adormecesse.

Preocupada com Tiago e Gabriel, foi ao encontro dos dois, encontrando-os na sala de estar: Gabriel, deitado em confortável sofá, e o rapaz, amoroso, segurando-lhe as mãos. Ao avistar Flor entrando na sala, levantou os olhos marejados de lágrimas, espelho do coração dolorido. Ainda assim, acenou com discrição, mostrando à amiga que seu pai adormecia sob seus

115

cuidados. Flor, ao observar a comovente cena, orou sentida pelo adorável amigo.

Gabriel adormeceu e Tiago se levantou do sofá, indo em direção a Flor. Os dois amigos se encaminharam para a cozinha.

No momento em que Flor pedira ajuda ao plano espiritual, Inácio prontamente a atendera com mais dois socorristas. E, mentalmente, entrou em contato conosco, que, mesmo a distância, acompanhamos o desenrolar dos acontecimentos. Pentesileia, à nossa frente, permaneceu calada. O olhar vitorioso nos desafiava, à espera de alguma reação. Apenas oramos em benefício dos envolvidos nessa contenda. Ao final do triste episódio, quando Flor encaminhou Dora a seus aposentos, Pentesileia, o sorriso cínico sempre presente, falou-nos:

– Com determinadas pessoas não precisamos interferir; contamos com o próprio gênio tresloucado.

– A irmã nos parece bastante conhecedora da psique humana – constatei com mansuetude.

– Há séculos me preparo para esse momento. Farei com que esse desgraçado perca a própria identidade, e não serão vocês que me impedirão – disse com rispidez, dirigindo-se a Ana.

– Temos certeza disso, minha irmã. Apenas sua vontade a fará mudar seu caminho – tornou nossa amiga com humildade, abaixando a cabeça.

– Já falei a seu companheiro e digo a você: não sou irmã de ninguém – retrucou com raiva contida, e se foi na escuridão da noite eterna em que vivia.

Várias entidades, habitantes daqueles sítios de recuperação, cercaram-nos. Veio em nossa direção imensa criatura, que se apresentou como a sacerdotisa do lugar, a mesma mulher que presenciamos realizar a grotesca cerimônia de casamento.

— Meu nome é Cariteia. Estou instruída a convidá-los a me acompanhar — ecoou em som gutural.

— Como a irmã desejar — respondeu Ineque.

Seguimos a grande senhora por diversos e intrincados caminhos, até uma grande habitação cercada por todos os lados de guerreiras. Entramos no prédio e nos vimos em meio a uma reunião. As participantes estavam dispostas em círculo, e Pentesileia ocupava lugar de destaque, sentada confortavelmente a uma poltrona. Notamos que fora construída para lembrar um trono.

Nosso grupo de amigos foi instruído a se aproximar da rainha daquela localidade. Permanecemos em posição humilde diante da bizarra senhora, que nos olhava tentando descobrir nossos sentimentos. Ana se adiantou e levantou os olhos para a amazona, falando com serenidade:

— Não se canse, minha irmã. Não a tememos; respeitamos seu entendimento do que consegue enxergar em seu mundo, mas chegará a hora que Deus não mais permitirá que continue a delinquir contra as leis da vida.

Pentesileia desceu do trono e, demonstrando terrível sarcasmo, rodeou várias vezes a doce Ana, como se a estudasse em busca de respostas às próprias dúvidas.

— Você se modificou, Hipólita!

— Vivi as experiências oferecidas para a minha recuperação. No início, confesso que com bastante relutância. O medo de errar, a culpa e o remorso por abandoná-las à própria sorte, e, ainda, alguns resquícios de raiva, debilitavam-me a vontade; porém, ao descobrir a felicidade de minha filiação divina, fortaleci-me, a ponto de estar aqui, em sua presença, e perceber que posso auxiliá-las, todas vocês — disse Ana, dirigindo-se às outras mulheres presentes na reunião.

— Como está atrevida! — vociferou Pentesileia com um meio sorriso, e continuou se dirigindo à assistência: — Para aquelas que não conheceram nossa amada Hipólita, de quem até hoje ouvimos histórias, aqui está a desertora, a traidora de uma causa justa. Debandou-se, e hoje trabalha junto ao inimigo, como se ele fosse o inocente, vítima de nossa ira, justo de nós, que somos apenas as justiceiras de nossa classe ofendida e abusada. Tragam os cães!

Mulheres com cabeças raspadas e tatuadas com cenas sangrentas de terríveis combates, apenas com trapos cobrindo as partes genitais, entraram no ambiente conduzindo grandes animais, que pouco lembravam os cães terrenos, tamanha as deformidades. A um sinal de Pentesileia, atiçaram os animais contra nosso grupo. Sem demora, uma equipe de trabalhadores de nosso plano se fez presente, emanando doce energia que nos serviu como cúpula de proteção. Adiantei-me e passei a reciclar a energia emitida por aquelas entidades, transformando-a em minúsculas gotículas de luz. Com o auxílio dos amigos, concentrei essa energia e a direcionei ao grupo e a Pentesileia. Ao serem atingidas, fraquejavam e caíam ajoelhadas no chão ressequido.

A triste irmã nos olhou com ódio.

— Está apenas começando. Estou só recolhendo informações para empreender minha guerra por justiça.

Abaixamos a cabeça, e Ana a fitou com afeto.

— Eu a conheço, minha irmã. Quero que saiba de meu imenso amor por você e que nunca desistirei de vê-la feliz.

A amazona apenas a olhou e nós fomos embora.

Dirigimo-nos à casa de Gabriel e presenciamos a conversa entre Flor e Tiago.

– O que foi que houve, para a sua mãe se desequilibrar daquela maneira? – questionou Flor.

– Alice lhe contou que estamos namorando, não é? – indagou Tiago.

– Contou sim – tornou Flor com um sorriso.

– Queria fazer a mesma coisa com meus pais, partilhar com eles esse momento de alegria; então fui ao terraço encontrá-los e apenas mencionei que queria dividir com eles algo que estava me deixando muito feliz. Minha mãe se levantou da cadeira e começou a gritar e a me agredir, essa parte você viu – o rapaz contou, bastante abalado.

– Sua mãe está bastante fragilizada pelo desencarne de Sabrina. E ela está procurando justificar o que aconteceu, de maneira a não assumir a própria responsabilidade nessa história. Sendo assim, reage com agressividade e não permite a si mesma um momento sequer de reflexão – esclareceu Flor.

– Eu sei, mas é muito difícil escutar as coisas que ela fala e não me sentir culpado, pois tudo isso vem ao encontro de algo que estou lutando por combater em meus pensamentos; ou, mesmo, de controlar a raiva e a revolta, para não cobrar de meus pais os avisos insistentes que lhes dei, alertando-os sobre o que via de errado no comportamento de Sabrina – desabafou Tiago, ressentido com os últimos acontecimentos.

– Mas você precisa se controlar! Estamos aprendendo que o que realmente importa não é o papel que desempenhamos em cada encarnação, mas como o fazemos. Hoje você é filho de Gabriel e Dora, mas não significa que eles sejam espíritos mais esclarecidos que você. Quando identificar atitudes incorretas no comportamento deles, seja paciente e os auxilie a perceber isso de maneira serena e equilibrada – aconselhou a doce senhora.

— Bom, sei que preciso disso mesmo. E você, como me vê como futuro genro?

Flor o abraçou com carinho e respondeu-lhe:

— Muito feliz; eu o estimo muito, pois sei de sua capacidade de amar com responsabilidade. Mas, por ora, deixe esse fato entre nós, até que as coisas se acalmem, está bem?

— Você acredita que meus pais causarão problemas? — perscrutou o rapaz, demonstrando aflição.

— Não julguemos, pois não sabemos. Agora, eles vivem um momento doloroso. Deixe-os em paz por enquanto.

— Está bem, vou seguir seu conselho. Agora preciso ir, tenho provas amanhã. Alice está estudando?

— Está sim.

— Posso estudar com ela em sua casa?

— Está bem, mas juízo, hein? — advertiu a bondosa senhora com um sorriso.

Tiago saiu da cozinha, e Flor, sozinha, deixou transparecer no semblante a preocupação que ocupava sua mente.

— Deus meu! Proteja esses meninos; tenho estranho pressentimento, antevejo uma época de sofrimento e provações para todos nós. Esse amor que desabrocha nesses jovens corações deveria ser motivo de alegria para todos, mas sei que não será assim. Proteja minha filha, Senhor! Proteja o Tiago, Senhor!

Flor orava com esperança no coração, enquanto Pentesileia a observava. "Você não tem ideia do que vai acontecer, e quero ser a portadora desse sofrimento. Eu a avisei! Está apenas começando...", desferiu mentalmente.

Então tomou o arco e arremessou dardos escuros em direção a Flor, que, fragilizada em sua preocupação com Alice e Tiago, recebeu parte da energia, sentindo estranho mal-estar. Com tontura,

Flor sentou-se, nauseada, e lembrou-se da última reunião na casa espírita Caminheiros de Jesus, momento em que foi abordado o assunto sobre sintonia vibratória. Foi até uma gaveta do armário e de lá tirou *O Evangelho Segundo o Espiritismo*. Passou à leitura do texto "O ódio":

> *Amai-vos uns aos outros, e sereis felizes. Dedicai-vos sobretudo ao trabalho de amar os que vos tributam indiferença, ódio e desprezo. O Cristo, por quem vos deveis modelar, deu-vos o exemplo desse devotamento. Missionário do amor, amou a ponto de dar o seu sangue e sua vida. O sacrifício que vos força a amar os que vos ultrajam e perseguem é penoso, mas é isso precisamente o que vos torna superiores a eles. Se vós os odiásseis assim como eles vos odeiam, não valeríeis mais que eles. É a hóstia imaculada oferecida a Deus no altar dos vossos corações, hóstia de agradável perfume a se evolar para Ele. Conquanto a lei de amor ordene amar indistintamente a todos os irmãos, não protege o coração contra os maus procedimentos. É ao contrário a mais penosa prova, bem o sei, pois que durante a minha última existência terrestre experimentei essa tortura. Mas Deus aí está para punir nesta vida e na outra os que falirem na lei de amor. Não esqueçais, meus caros filhos, que o amor nos aproxima de Deus e o ódio nos distancia d'Ele.*
>
> *(O Evangelho Segundo o Espiritismo – Capítulo XII – Amai os Vossos Inimigos – O Ódio – Fénelon)*

Flor ergueu os olhos e viu a figura de Pentesileia. Estranhamente, não sentiu nenhum receio. Dirigiu-lhe doces pensamentos de amor. A amazona voltou-lhe as costas e saiu da mansão, caminhando rápido e a passos firmes.

Agradecemos a Deus por presenciar mais esse ato de amor. Obrigado, Pai amado!

De volta à casa espírita, pressentia que Maurício padecia de certo desconforto com o andamento de nosso trabalho, por essa razão o convidei a me acompanhar à torre de observação. Ali ficamos por instantes, meditando sobre tudo o que andávamos a observar. Ineque se aproximou e perguntou, dirigindo-se a Maurício, com bom humor:

– O amigo poderia partilhar comigo as ideias que percebo incomodá-lo?

Fitei o admirável companheiro e pensei: "Será que ele lê pensamentos?"

– Só quando me permitem fazê-lo; porém, já os conheço um pouco para saber que Maurício anda matutando sobre o que apenas observamos na maior parte do tempo. Ah! Não li seu pensamento nesse momento; sou apenas bom em deduzir com base em alguns sinais – declarou Ineque, rindo alto.

Acompanhei na risada o amigo bem-humorado, e Maurício resolveu trocar algumas ideias, ou melhor, pedir esclarecimentos sobre coisas que o incomodavam.

– Temos acompanhado algumas situações vivenciadas pelos atendidos. Sinto-me inativo; apenas observamos, e não interferimos, como nas outras oportunidades. Sinto-me... devedor. Não sei se essa é a palavra certa, mas foi a que mais se aproximou de meus sentimentos – desabafou o irmão.

– Maurício, pense e me diga o que há de diferente com as pessoas envolvidas nesse caso de socorro. Pense bem – sugeriu Ineque.

– De um lado, a comunidade da cidadela das Amazonas da Noite, formada por espíritos que ainda não questionam seus valores morais, mas também percebo grande infelicidade e insatisfação na maneira que vivem. Identifico forte sentimento de ódio e revolta, que as arremessou nessa psicosfera doentia, razão pela qual infelizmente não conseguem transformar esse estado emocional. De outro lado, os perseguidos, que podemos dividir em dois grupos: Dora e Gabriel, espíritos bastante ignorantes das leis morais, ambiciosos, arrivistas e vaidosos; o segundo grupo seria composto por Tiago, Alice, Flor e Toni, sem contar os trabalhadores da casa, que mostram uma evolução moral bem melhor. São bastante sensíveis e parecem conseguir reconhecer os momentos em que necessitam elevar o padrão vibratório. Dessa maneira, acabam por se furtar ao assédio do primeiro grupo. Analisei a situação da maneira mais lógica possível – tornou Maurício.

– E qual é a sua dedução sobre a nossa parte nessa história? – inquiriu Ineque.

– Auxiliamos quando for necessário, caso contrário, estaremos prejudicando o aprendizado desses irmãos; vamos interferir apenas quando necessário – concluiu o jovem amigo com certa facilidade.

– Caso contrário, estaremos mais para obsessores do que para socorristas – ponderou Ineque, com outra sonora gargalhada.

– O amigo debocha de mim, e, acredite, também estou me divertindo com minha ansiedade em resolver o problema alheio. Pensei estar mais adiantado em meu aprendizado – disse-nos Maurício, já com o humor transformado.

– Cada caso é um caso. Podemos encontrar situações semelhantes, e as experiências já vivenciadas vão nos servir de reflexão em busca de novas soluções. Porém, não devemos descuidar de observar, analisar e concluir, sempre em equipe, pois a visão de um pode se restringir de maneira a dificultar a solução; porém, quando todos opinam, temos vários ângulos analisados e a visão se expande de modo assombroso e sadio – refletiu com alegria.

– Gostaria de conversar com o amigo sobre a cerimônia que presenciamos na cidadela, o casamento.

Maurício enfim sentiu-se seguro para mencionar o que de fato o incomodava.

– O que o desassossega tanto? – questionou Ineque.

– Acredito que ainda traga resquícios de preconceito de minhas experiências pretéritas. Lembro-me da história vivida por Toni em nosso trabalho narrado no livro *Aldeia da escuridão*[2], que fala sobre a homossexualidade. Naquela oportunidade, consegui assimilar de maneira caridosa alguns conceitos a respeito do fato. Recordo uma conversa entre Adalton e seu filho mais velho, Claudio, que se sentia desconfortável com a situação do irmão, a homossexualidade, e o pai sabiamente concluiu o colóquio dizendo-lhe: "Então podemos deduzir que você tem um problema?" – Maurício fez uma pequena pausa e continuou com humildade: – Após analisar os meus sentimentos, percebo que eu tenho um problema.

– A história das amazonas atravessa o limiar entre realidade e fantasia. A origem remonta a mais de seis mil anos, com a batalha de Termodonte, quando os gregos saíram vitoriosos. Esse é o primeiro relato escrito sobre uma civilização de mulheres guerreiras, mas, seja qual for a razão para que se isolassem da sociedade masculina, tenho certeza de que está baseada na dor da incompreensão de algo que desequilibrou esses espíritos. Lembremos o relato de Ana. Após tantas experiências dolorosas com o sexo oposto, de violência física, moral e emocional, viu-se acolhida por essa comunidade, ocasião em que lhe pareceu correta a companhia delas, em virtude de sua solidão e carência afetiva – expressei ao jovem companheiro. – Desses sentimentos conflitantes e contraditórios nascem os desequilíbrios em várias fases de relacionamento, até

---

2. O autor espiritual se refere à história do personagem Toni, contada no livro *Aldeia da escuridão*. Lúmen Editorial (N.M.).

mesmo no que tange à sexualidade. Não podemos esquecer que falamos sobre espíritos imperfeitos e ainda necessitados de sensações físicas bastante marcantes, e o prazer físico conseguido por meio do ato sexual pode, por vezes, calar a lucidez evolutiva, pois oferta muito prazer, transitório, imediato, é verdade, mas ainda assim atraente aos sentidos físicos. Além do mais, quando nos propomos a ser socorristas, também assumimos o compromisso de não julgar o comportamento alheio, de apenas auxiliar, sempre tendo em vista as próprias necessidades.

– Foi muito bom você ter procurado esclarecer seus sentimentos em relação a essas dúvidas; mas, caro jovem, apenas procure agir com desvelo fraternal, pois em um primeiro momento, quando descobrimos nossas falhas morais, o caminho a seguir é traçar regras de comportamento e, logo após, por meio de nosso esforço, transformar dor em amor. Assim estaremos contribuindo com altruísmo, pois o exercício do bem é a única maneira de evoluirmos em direção à perfeição do sentir – completou Ineque.

– Preciso apenas cooperar no trabalho cristão e procurar vigiar os meus sentimentos em relação ao caso? – indagou Maurício, os olhos marejados de lágrimas.

– Isso mesmo. Responda-me uma pergunta: por que esses sentimentos de rejeição e repulsa não afloraram no caso que vivenciamos com Toni? – ponderei.

– Sei que é mais um preconceito, mas... – Envergonhado, Maurício interrompeu a explicação que ensaiava.

– Elas são mulheres? – indaguei ao amigo, que acenou com a cabeça em sinal afirmativo. – Na experiência que as traumatizou, encarnavam o lado feminino, mas são sobretudo espíritos que vivenciam dolorosos traumas, aos quais não conseguiram sobreviver com equilíbrio.

– Sei de tudo isso, mas percebo certa resistência em aceitar o fato. Observar uma relação homossexual entre mulheres incomodou-me – confessou, consternado, nosso companheiro.

– O importante, meu jovem amigo, é que você reconheceu esse sentimento e o está combatendo de maneira saudável. Além do mais, a homossexualidade é um estágio de aprendizado para esses espíritos, que acabam por reagir de modo desordenado às dores do relacionamento. A violência sofrida termina por despertar a revolta, que se manifesta de formas diversas. Uma delas é procurar satisfazer a necessidade emotiva junto aos que nos compreendem o sofrimento. É a busca por afinidades daquele instante, é a afirmação pessoal da não necessidade de conviver com aquele que nos fez o mal – explanou Ineque.

– Seria, portanto, uma afirmação junto a si mesmo? Partindo da premissa de que, se não sou capaz de fazer sofrer, então procuro no outro a minha semelhança? – comentei, introspectivo.

– Vejam como a vida é fantástica educadora de todos nós. Há inúmeras razões e respostas aos desequilíbrios comportamentais, que acabam por elucidar nossas reflexões sobre diversas situações que vivenciamos por aqui; que nos colocam no caminho do esclarecimento, levando-nos a fazer melhores escolhas. Para tanto, precisamos nos despojar de velhos e rançosos conceitos preestabelecidos, e aceitar que somos seres sempre em mutação. Na realidade, somos livres para escolher a qualidade de nossos pensamentos – esclareceu Ineque.

– Emmanuel foi bastante feliz em um comentário feito no livro *Encontro marcado*, capítulo XIV: "Cada inteligência emite as ideias que lhe são particulares, viva e plasticizante, mas, se arroja de si essas forças, igualmente as recebe, pelo que influencia e é influenciado. Toda criatura, ao exteriorizar-se, seja imaginando, falando ou agindo, em movimentação positiva, é um emissor atuante na vida, e, sempre que se interioriza, meditando, observando ou obedecendo, de modo passivo, é um receptor em funcionamento" – comentei, encantado com a balsamizante lição de nosso amigo especial.

– Só a conversa já me aliviou bastante. Só quando vivenciamos determinadas experiências é que descobrimos exatamente como anda nossa mente. Agora percebo que devo agradecer ao Pai, por poder estar entre amigos que me respeitam, até mesmo nesses tristes momentos de... – Maurício interrompeu a frase em busca da palavra correta.

– ... aprendizado? Não é justamente o que andamos fazendo? – contribuiu Ineque, com um sorriso no rosto.

Maurício nos abraçou e expressou com sinceridade:

– Sinto que consegui expurgar doloroso sentimento de meu coração. Ao pensar nos costumes dessa comunidade, não mais me incomodam. Agradeço a Deus a oportunidade de estar nessa bendita seara de redenção.

– Voltemos ao trabalho. Mauro nos chama. Algo grave deve estar acontecendo – avisei aos amigos.

14

Missão quase impraticável

885. *O direito de propriedade é sem limites?*

Sem dúvida, tudo o que é legitimamente adquirido é uma propriedade, mas, como já dissemos, a legislação humana é imperfeita e consagra, frequentemente, direitos convencionais que a justiça natural reprova. É por isso que os homens reformam suas leis à medida que o progresso se realiza e que eles compreendem melhor a justiça. O que num século parece perfeito, no século seguinte se apresenta como bárbaro.

(O Livro dos Espíritos – Livro III – As Leis Morais – Capítulo XI – Lei de Justiça, Amor e Caridade – Item II – Direito de Propriedade. Roubo)

Dirigimo-nos à casa de Gabriel. Este se encontrava ao telefone com Eduardo, a mesma pessoa que visitara quando revoltado com o desencarne de Sabrina, culpando-o pelo ocorrido com a filha.

– Gabriel, vou precisar de sua ajuda mais uma vez.
– O que aconteceu? Alguém foi preso?
– Não, não é profissional; é particular.
– Pode falar. Estou sozinho no escritório.

– O assunto é muito delicado; prefiro que venha à minha casa.
– Está bem, já estou indo.
– Venha sozinho, você dirigindo. Não confio no seu motorista.
– Combinado. Estou saindo daqui agora. Acredito que em trinta minutos deva estar aí.

Gabriel apenas pegou sua pasta, avisou a Flor que ia sair, dispensou o serviço de Adelson e se dirigiu à casa de Eduardo.

Ineque veio ao nosso encontro e nos informou que o filho de Eduardo estava muito doente, e Gabriel sabia de um segredo muito bem guardado, que estava prestes a ser revelado.

Nesse instante, Gabriel entrou no escritório de Eduardo. Este, sentado atrás da escrivaninha, aguardava-o com ansiedade.

– Sente-se, Gabriel – pediu Eduardo, sem ao menos cumprimentar o advogado que acabava de chegar.

– O que está acontecendo? Você me deixou preocupado. Algum problema de família? – indagou Gabriel, sentindo prazer em ver o semblante de sofrimento do outro.

– Outro dia, quando você esteve aqui, falei que meu filho Eduardo estava doente, lembra?

– Lembro sim. Mas o que tem ele?

– Na semana passada foi diagnosticado um tipo raro de leucemia, e o único e último recurso é um transplante. Todos já fizemos o teste para saber se somos compatíveis, mas não há ninguém em minha família que possa ser doador. Paguei uma nota preta para consultar também o banco de doadores, mas nada.

– E por que me chamou? Se vocês não são compatíveis, com certeza eu não serei.

– Fica quieto e escuta! Preciso que fale com Flor.

– Falar com Flor? Você está doido? Ela nem imagina que eu o conheço.

– Eu sei, mas o caso agora é outro. Não me interessa se ela pode ou não saber. Preciso que fale com ela. E, como sempre, será bem recompensado pelo trabalho que fizer.

Tirando uma maleta de sob a mesa, Eduardo a colocou sobre a escrivaninha e a abriu. Estava cheia de dólares. Com cinismo, completou:

– De onde veio esse, tem mais. Uma igual a essa. Isso se conseguir o que preciso.

Os olhos de Gabriel brilharam diante da maleta, e ele estendeu as mãos para tocar as notas. Rindo, Eduardo fechou a maleta e a retirou de cima da escrivaninha.

– Faz o que mandei, e ela será sua – replicou com escárnio.

Gabriel levantou da poltrona onde estava sentado e disse com ganância:

– Três dessas e garanto-lhe que faço o que for preciso.

– Combinado. Preciso de resultado o mais rápido possível. O tempo de meu filho é curto.

Gabriel saiu da casa de Eduardo com terrível sentimento de euforia, e refletiu inapropriadamente: "Não vou precisar fazer nada. Foi Deus quem fez o Eduardo me oferecer aquele bom negócio, assim não sujo minhas mãos. Deus vai puni-lo por mim. Ele atendeu as minhas preces. Eduardo vai sentir a mesma dor que senti por causa dele. Deus é justo e fará justiça em meu lugar".

Pentesileia acompanhava o raciocínio de Gabriel e alimentava a sua excitação. Olhou-nos e sorriu com ares de vitoriosa.

Inclinei minha cabeça e a cumprimentei com carinho.

– O sofrimento advindo do desequilíbrio moral – prossegui – não é vitória para ninguém. Muito menos para os que se comprazem com o mal feito. Não se esqueça, minha irmã, de que toda ação provoca uma reação de igual intensidade e qualidade.

– Está me ameaçando?
– De maneira alguma, principalmente por não mais acreditar nesse tipo de comportamento. Estou apenas empenhado em alertar a irmã das consequências dos atos que praticamos.
– Já disse e repito: não sou sua irmã.

A infeliz criatura continuou ao lado de Gabriel, imantada ao perispírito do desavisado irmão, que continuava a alimentar a posição do parasita. Entristecidos, voltamos à mansão e nos dirigimos à casa de Flor.

O ambiente gozava de benéfica energia. O mobiliário simples e de bom gosto, o cuidado com os detalhes da decoração emprestavam à pequena residência agradável e acolhedor aspecto. Fomos ao jardim que ficava no canteiro central da pequena vila.

– Ineque, você tem informações a respeito do que está acontecendo?

– Nosso amigo pediu-me que esperasse o desenrolar da história e, assim que soubesse da necessidade das informações, iria nos chamar para uma reunião.

– Será informado a nós apenas o que for relevante?

– De outra maneira seria desperdício de energia, não é mesmo?

– Se tivéssemos a capacidade de entender esse posicionamento em nossa vida, quantas dores seriam poupadas, a nós e aos outros que nos rodeiam.

– A maioria das conversas sobre o globo ainda gira em torno de banalidades ou informações desnecessárias. Se soubéssemos identificar as reais necessidades, os palpites seriam abolidos de nossa prática.

– Ou, se as informações nos chegam, deveríamos refletir sobre a possibilidade da ação benéfica em favor do necessitado; se não for possível, o mínimo que podemos fazer é orar pelo envolvido nos conflitos emocionais que acabam por gerar atitudes desequilibradas.

– N'*O Evangelho Segundo o Espiritismo* há um belo texto sobre o assunto. É feita uma pergunta aos espíritos superiores e São Luís responde com muito amor e ponderação:

19. *Ninguém sendo perfeito, não se segue que ninguém tem o direito de repreender o próximo?*

Certamente que não, pois cada um de vós deve trabalhar para o progresso de todos, e, sobretudo, dos que estão sob a vossa tutela. Mas isso também é uma razão para o fazerdes com moderação, com uma intenção útil, e não como geralmente se faz, pelo prazer de denegrir. Neste último caso, a censura é uma maldade, no primeiro, é um dever que a caridade manda cumprir com todas as cautelas possíveis; e, ainda assim, a censura que se faz a outro deve ser endereçada também a nós mesmos, para vermos se não a merecemos.

20. *Será repreensível observar as imperfeições dos outros, quando disso não possa resultar nenhum benefício para eles, e mesmo que não a divulguemos?*

Tudo depende da intenção. Certamente que não é proibido ver o mal, quando o mal existe. Seria mesmo inconveniente ver-se por toda a parte somente o bem: essa ilusão prejudicaria o progresso. O erro está em fazer essa observação em prejuízo do próximo, desacreditando-o sem necessidade na opinião pública. Seria ainda repreensível fazê-la com um sentimento de malevolência, e de satisfação por encontrar os outros em falta. Mas dá-se inteiramente o contrário quando, lançado um véu sobre o mal, para ocultá-lo do público, limitamo-nos a observá-lo para proveito pessoal, ou seja, para estudá-lo e evitar aquilo que censuramos nos outros. Essa observação, aliás, não é útil ao moralista? Como descreveria ele as extravagâncias humanas, se não estudasse os seus exemplos?

21. *Há casos em que seja útil descobrir o mal alheio?*

Esta questão é muito delicada, e precisamos recorrer à caridade bem compreendida. Se as imperfeições de uma pessoa só prejudicam a ela mesma, não há jamais utilidade em divulgá-las. Mas, se elas podem prejudicar a outros, é necessário preferir o interesse do maior número ao de um só. Conforme as circunstâncias, desmascarar a hipocrisia e a mentira pode ser um dever, pois é melhor que um homem caia, do que muitos serem enganados e se tornarem suas vítimas. Em semelhante caso, é necessário balancear as vantagens e os inconvenientes.

(O Evangelho Segundo o Espiritismo – Capítulo X – Bem-aventurados os Misericordiosos – Itens 19, 20 e 21 – São Luís, Paris, 1860)

— Voltamos sempre à verdadeira intenção, muitas vezes obscurecida pelas trevas da ignorância, mas, no futuro, diante do despertar de nossa consciência, solicitaremos a necessária reparação, nesse fantástico processo educativo, que é a própria vida – tornei, com admiração pela lógica divina.

— Gabriel está chegando a casa e deverá solicitar a Flor que vá falar com ele no escritório. Devemos acompanhá-la nesse momento de dolorosa provação – sugeriu Ineque.

Juntamo-nos à adorável senhora, e, assim que Gabriel chamou-a ao escritório, esta sentiu ligeiro mal-estar. "Novamente essa sensação estranha... Será que aquela entidade que visualizei outro dia está por aqui? Bom, vou orar em benefício de quem estiver precisando", refletiu.

Flor fez esforço redobrado para controlar a indisposição, que se intensificou assim que entrou no luxuoso escritório de Gabriel. Elevando o pensamento ao Pai, permitiu-nos ação rápida e eficaz, e dúlcida energia a envolveu e fortaleceu, retomando o controle de sua mente, invadida, momentaneamente, por hábil ação hipnótica de Pentesileia. Esta nos observou com expressão indefinida.

— Como de outras vezes, nada precisarei fazer. Apenas espero a ação natural desse demônio.

Gabriel convidou Flor a se sentar diante da escrivaninha e iniciou a inquietante palestra:
— Precisamos conversar sobre algo muito sério, e lhe peço que fique calma.
— O senhor está me assustando! Aconteceu algo grave?
— Bastante grave. Mas precisamos conversar primeiro sobre a maneira pela qual veio trabalhar aqui. Você se lembra?
— Claro que me lembro, e tenho uma dívida moral com os senhores que nunca poderei pagar.
— Bom... Essa história de que nunca poderá pagar é relativa. É sobre isso mesmo que vamos conversar. Agora, apenas escute o que tenho a dizer, está bem? Quando fomos àquela pensão dizendo que foi sua professora de culinária quem a indicou para trabalhar aqui, tratava-se de uma mentira que contamos com a concordância de dona Vera.
— Por que mentiram? — inquiriu Flor, demonstrando desconforto com o rumo da conversa.
— Bem, quem de fato pediu por você queria ficar anônimo, como está até hoje — redarguiu Gabriel encarando Flor com displicência.
— Do que o senhor está falando? — questionou Flor, a voz trêmula.
— Falo de Eduardo, seu antigo patrão. Ele é meu cliente desde aquela época. Quando aconteceu o fato, chamou-me e me mandou dar um jeito na bagunça que havia feito.
— Bagunça que havia feito? — indagou Flor com espanto.
— É, sou pago para isso. Na época, Dora também estava grávida, e, a contragosto, tomei informações sobre você. Cheguei à conclusão de que seria vantajoso ter alguém de boa índole com quem dividir a responsabilidade na criação de meu filho. E parece que deu certo, não é? As duas partes foram beneficiadas — concluiu Gabriel.

— Até agora não entendi por que está tocando nesse assunto e me contando coisas que apenas me desiludem em relação ao senhor. Percebo apenas interesse de sua parte em resolver os próprios problemas, e não mais aquela postura altruísta de quem estava fazendo uma belíssima caridade – disse Flor, tão firme quanto triste.

— Isso, de fato, não me interessa. Você é apenas uma empregada nesta casa. Se demos a impressão de outra coisa, você se enganou redondamente – retrucou Gabriel de maneira agressiva.

— Muito bem. E do que se trata, então? – perguntou Flor, os olhos marejados de lágrimas.

— A esposa de Eduardo, naquela época, também estava grávida. Teve um menino. Eduardo Júnior sempre teve problemas de saúde e, agora, está com leucemia e precisa de transplante de medula. Ninguém da família pode ser doador. Restou Alice, que é irmã dele – soltou Gabriel de uma vez, sem fazer preâmbulos.

— O quê? – admirou-se Flor, levantando-se da poltrona com rapidez, impulsionada por fortes sentimentos.

— É isso mesmo. Sua filha é irmã de Eduardo e pode ser compatível com o rapaz. Ela precisa com urgência fazer o teste – expressou o advogado com rispidez.

— Mas... Alice não sabe o que aconteceu. Como vou falar algo desse tipo para ela? – indagou Flor em desespero.

— Esse problema é seu. Mas precisa ser logo. Eduardo está esperando a resposta. Além do mais, você não vive pregando a caridade? Então... Eis aí uma oportunidade de ser boazinha e salvar a vida do menino. – Gabriel soltou um riso cínico.

— Não estou entendendo essa maneira de me tratar e de falar comigo. O senhor sempre me tratou com respeito – comentou Flor com indignação.

— Esse é o meu jeito, não estou aqui para agradar os empregados. Ah! E, depois dessa situação, não vá se vingar em Dora ou no Tiago, porque não admitirei — ameaçou Gabriel. Após, com displicência, dispensou a cozinheira. — Vê se resolve logo esse problema, senão eu mesmo faço o que for preciso. Agora, saia. Preciso trabalhar!

Flor saiu do escritório tentando controlar o tremor que invadia seu corpo e a vontade de chorar. Dirigiu-se à cozinha e deu algumas instruções a uma senhora que a auxiliava. Em seguida, explicou:

— Simone, vou para minha casa. Não me sinto muito bem. Vou descansar um pouco. Se for necessário, ligue pelo interfone, está bem?

Assim que entrou em sua casa e fechou a porta, Flor desabou sobre a cama e chorou copiosamente. A mente tomada pelo pânico não conseguia coordenar as ideias, que vinham de maneira desordenada e infeliz. A seu lado, Pentesileia sorria com prazer. Devagar, aproximou-se de seu campo vibratório e assoprou-lhe no ouvido tristes pensamentos de dor.

Flor, em desespero, levantou-se da cama em descontrole, pôs as mãos na cabeça e caiu ajoelhada ao chão, tomada por intensa emoção.

Concentramos nosso pensamento e, utilizando energia da própria assistida, movimentamos *O Evangelho Segundo o Espiritismo*, que se encontrava sobre a mesinha de cabeceira, jogando-o ao chão e produzindo um ruído oco e forte.

Flor olhou para o livro, arrastou-se pelo chão frio, tomou-o nas mãos e pediu em voz alta:

— Por favor, socorram-me neste momento! Prometo retribuir com amor, socorrendo ao meu próximo.

Ainda trêmula, abriu o abençoado livro de amor. Procurando controlar-se, passou à leitura edificante, no início sem ao menos compreendê-la, para logo após firmar o pensamento em Deus e dar-se conta do auxílio que recebia naquele momento.

> *O sacrifício mais agradável a Deus*
>
> *7. Portanto, se estás fazendo a tua oferta diante do altar, e se lembrar aí que teu irmão tem alguma coisa contra ti, deixa ali a tua oferta diante do altar, e vai te reconciliar primeiro com teu irmão, e depois virás fazer a tua oferta. (Mateus, 5:23-24)*
>
> *(O Evangelho Segundo o Espiritismo – Capítulo X – Bem-aventurados os Misericordiosos)*

– Meu Deus, o que quer dizer para mim? Estou sendo chantageada por uma pessoa sem respeito algum pelo meu sofrimento. Fui vítima de uma violência sem igual. O que me pede que faça, meu Pai?

Flor elevou os pensamentos ao Pai, fazendo um esforço enorme para não permitir sentimentos de autopiedade. Então, sorriu, feliz, a esperança já rondando-lhe o coração: "Como venho aprendendo, não existem vítimas no mundo de Deus. De uma forma ou de outra, devo estar vivendo o que preciso. Apesar de ter minhas razões para mentir a Alice, um dia vou precisar enfrentar a verdade; até hoje não arranjei coragem. Deus está permitindo a essa filha imperfeita e relutante uma oportunidade de fazer a coisa certa. E Deus é tão bom, que nos permite enfrentar esse momento doloroso fazendo caridade. O rapazinho não tem culpa de minha dor e precisa de ajuda. Minha filha pode auxiliar. É isso o que farei; vou enfrentar a verdade".

Constatei, admirado, que, ao levantar-se do chão, a expressão de Flor beirava a felicidade. Embargado, fitei a triste amazona e notei sua expressão de completa surpresa pela reação da bondosa mulher.

Pentesileia dirigiu o olhar em minha direção, balançou a cabeça em um gesto negativo e, dando-me as costas, deixou o ambiente andando devagar e com o passo inseguro. Senti, naquele instante, a confusão de sentimentos que a envolvia, e apenas balbuciei com carinho:

– Que Deus a acompanhe, minha irmã!

15
A revelação de um doloroso segredo

886. *Qual o verdadeiro sentido da palavra caridade, como a entendia Jesus?*

Benevolência para com todos, indulgência para as imperfeições alheias, perdão das ofensas.

O amor e a caridade são o complemento da lei de justiça, porque amar o próximo é fazer-lhe todo o bem possível, que desejaríamos que nos fosse feito. Tal é o sentido das palavras de Jesus:

"Amai-vos uns aos outros, como irmãos."

A caridade, segundo Jesus, não se restringe à esmola, mas abrange todas as relações com os nossos semelhantes, quer se trate de nossos inferiores, iguais ou superiores. Ela nos manda ser indulgentes, porque temos necessidade de indulgência, e nos proíbe humilhar o infortúnio, ao contrário do que comumente se pratica. Se um rico nos procura; atendamo-lo com excesso de consideração e atenção, mas, se é um pobre, parece que não nos devemos incomodar com ele. Quanto mais, entretanto, sua posição é lastimável, mais devemos temer aumentar-lhe a desgraça pela humilhação. O homem verdadeiramente bom procura elevar o inferior aos seus próprios olhos, diminuindo a distância entre ambos.

(O Livro dos Espíritos – Livro III – As Leis Morais – Capítulo XI – Lei de Justiça, Amor e Caridade – Item III – Caridade e Amor ao Próximo)

Flor tomou um banho rápido e pensou: "Preciso conversar com alguém de confiança e trocar ideias sobre a maneira como deverei conduzir minhas ações. E só consigo pensar em Toni. Vou ligar para ele imediatamente, e aproveitar que a Alice e o Tiago têm acampamento da escola neste fim de semana. Assim será mais fácil e terei bastante tempo para pensar".

Sem demora, Flor telefonou para o médico.

– Boa tarde, Toni. É Flor.

– Boa tarde, Flor. Está tudo bem? Sua voz está diferente.

– Tudo bem sim. Mas tenho um problema para resolver. Será que poderia se encontrar comigo ainda hoje?

– Estou no hospital até as dezesseis horas. Depois disso, estou livre. Você quer que eu vá buscá-la?

– Se não for incomodá-lo, gostaria sim. Tenho de levar uma mochila com roupas para Tiago e Alice. Eles vão acampar neste fim de semana. Você me levaria à escola?

– Sem problema algum. Só queria tomar um banho. Depois podemos ir comer alguma coisa. Estou sem me alimentar o dia todo; o movimento na emergência foi uma loucura.

– Tenho no congelador uma lasanha. Posso levar para sua casa, assim você descansa e nós conversamos sossegados.

– Combinado. Passo aí lá pelas dezesseis e trinta.

Após haver combinado o que seria feito, Flor deixou instruções para os trabalhadores da casa e avisou que sairia para resolver alguns problemas. Não sabia a que horas voltaria.

Toni passou no horário combinado e apanhou Flor à porta da mansão. Percebeu sem demora seu abatimento e a expressão preocupada. Amoroso, acariciou sua mão.

– Não importa o que a está preocupando dessa maneira, saiba que estarei a seu lado. E, se Deus lhe permitiu vivenciar esse problema, pode ter certeza de que é porque você tem capacidade para superá-lo, sendo o saldo de tudo isso positivo. Você sairá mais fortalecida, portanto mais livre e feliz.

Flor devolveu o carinho recebido e, com delicadeza, levou a mão de Toni aos lábios e a beijou ternamente.

– Com você a meu lado, tenho certeza de que vou superar esse problema da maneira correta. Obrigada!

Toni a fitou e expressou com voz trêmula:

– Sei que este não é o momento adequado para dizer o que vou dizer, mas é o que sinto, portanto: Você quer ser minha esposa? E esse pedido se origina no grande amor e admiração que sinto por você. Não precisa me responder agora; apenas saiba de meus sentimentos.

Flor se contentou em fitá-lo, enquanto lágrimas de emoção e alegria saltavam-lhe dos olhos. A mim pareceram belos diamantes esculpidos pela natureza que refletiam a luz da alvorada. A delicada mulher soltou em um fio de voz:

– Mas gostaria de responder agora, porque também o amo muito e admiro o homem que é. Sua delicadeza de sentimentos, a índole amorosa e sincera... Quero sim me casar com você, porque é aquele em quem posso confiar a educação de meus filhos.

– Inclusive a de Alice, que sinto como parte de mim mesmo. Eu a amo como minha filha e admiro a jovem que você criou. Oh, Flor, nunca pensei sentir tanta felicidade.

Toni estacionou o carro e a abraçou e beijou, envolvido em imensa felicidade.

Admirado como sempre diante das benesses divinas, agradeci ao Pai, pois, mesmo nos instantes mais difíceis que enfrentamos na vida, ainda podemos vivenciar essas bênçãos de amor verdadeiro que nos servem, sobretudo, como incentivo na luta do Bem Maior, desde que tenhamos olhos para ver.

Confortados pelo amor que visitava seus corações, passaram na escola frequentada pelos jovens e, depois, seguiram para a casa de Toni. O médico morava em um pequeno e agradável condomínio nos arredores da cidade, lugar excepcional, incrustado em pequeno bosque que dava ao ambiente adorável frescor e energia banhada pela melhor essência da natureza. A casa confortável e mobiliada com simplicidade acolheu Flor como se ali fosse seu lar há muito tempo.

Encantada com a paisagem, abriu larga porta de vidro que dava para um belo e bem cuidado jardim, onde os pássaros, animados com o fim do dia, cantavam e rodopiavam felizes pelo ar.

– Toni, podemos sentar aqui na varanda? – perguntou Flor.

– Fique à vontade. Vou tomar um banho e já venho, está bem?

Flor acenou com a cabeça e foi se sentar em uma rede. Acomodada, passou a orar com fervor em benefício do momento que vivia. Pediu a Deus, com respeito e carinho, que Toni entendesse tudo o que havia acontecido em sua vida. Sorriu e ponderou com serenidade: "Não tenho dúvidas sobre a capacidade dele de entender o que vou dizer. Portanto, amado Pai, peço pelo sr. Gabriel, por Eduardo e seu filho. Que a bondade possa visitar a mente deles, e possam gozar e entender a verdadeira felicidade. Peço por Alice, minha doce e amorosa menina, que deverá conhecer sua verdadeira história, que não é nada bonita, mas peço que a auxilie a entender o quanto sempre foi amada e bem-vinda em minha vida.

Após alguns minutos, Toni foi se juntar a ela na varanda e se sentou em uma poltrona, diante de Flor. Amoroso, segurou suas mãos.

– Quer conversar agora?

– Quero sim – respondeu ela com simplicidade. – Quando tinha quinze anos, morava em um orfanato. Certo dia, um casal foi visitar a instituição e ficaram um bom tempo conversando comigo. Uma semana depois, fui informada de que o casal havia proposto tutela temporária. Poderia morar com eles e estudar em boas escolas. Nossa! Nunca havia me sentido tão feliz em minha vida. Logo estava morando com eles em uma casa muito luxuosa. Eles tinham um único filho, um rapaz de 28 anos, casado e que morava com eles. Não gostava muito dele, então me mantinha afastada. Aos poucos, percebi que a adoção era apenas um pretexto; era tratada como empregada. Fazia todo o serviço da casa e cozinhava. Foi assim que acabei me tornando uma boa cozinheira. Para agradá-los, pois era muito grata pela ajuda que recebia, fazia cursos de culinária. Um fim de semana, a família toda viajou. Acreditava estar sozinha, mas, não sei como, Eduardo ficou e não fui avisada. Estava em meu quarto e ele entrou embriagado e drogado. – Nesse ponto da narrativa, Flor interrompeu-se, emocionada, enquanto grossas lágrimas escorriam-lhe dos olhos.

– Calma, meu bem. Se quiser, voltamos a conversar mais tarde.

– Não, preciso falar tudo agora. É necessário que eu tome algumas decisões importantes e preciso de seu apoio e opinião.

– Flor controlou as emoções e prosseguiu: – Ele me estuprou várias vezes. Amarrada à cama e amordaçada, acabei por desmaiar. Quando acordei, estava nua e toda machucada, e o rapaz estava desacordado no chão ao lado da cama. Nem sei como consegui soltar as amarras. Então corri e me tranquei no banheiro; não sei quanto tempo fiquei ali. Criei coragem e saí. Ele estava sentado em minha cama, esperando-me. Fiz menção de voltar a me trancar, mas ele me ameaçou e disse que, se contasse a alguém o que havia acontecido, a coisa seria bem pior. Não vou entrar em detalhes quanto às suas ameaças. Hoje elas não são mais importantes. A partir daquele dia, vivia em pânico. Era uma menina ingênua, não tinha amigos nem parentes, estava sozinha no mundo. Só fui descobrir que estava grávida quando iniciava o sexto mês de gestação. Os pais de Eduardo me pressionaram, até que contei o que havia acontecido. Foram brutos comigo e também me ameaçaram.

Tomando breve pausa para conter a dor que aquelas lembranças lhe infligiam, após dar profundo suspiro, Flor continuou:

— Resolvi fugir de casa. Tinha algum dinheiro guardado; era pouco, mas dava para pagar um quarto em uma pensão. Dias depois, a proprietária, que também era professora de culinária, havia me instruído a dizer que era minha tia, pois eu era menor de idade. Ela me contou que tinha um amigo, Gabriel, que precisava de uma cozinheira. Só não podia dizer minha idade verdadeira. Então ela me ajudou a conseguir documentos com a data de nascimento adulterada. Apesar de estar grávida, fui aceita por Dora e Gabriel; eles até pagaram o parto de Alice.

Toni acariciou o rosto de Flor em sinal de conforto e apoio.

— Nunca mais vi aquela família — prosseguiu. — Quando saí de lá, a esposa de Eduardo estava grávida, e a criança, para nascer. Um tempo depois, li em um jornal que Eduardo corria risco de ser preso, pois estava metido com tráfico de drogas. Com base nessa notícia, entendi várias coisas que via naquela casa. Ninguém trabalhava e sempre havia indícios de muita riqueza. Na época acreditei ser uma família de origem rica, mas no jornal falavam que eram pessoas que enriqueceram rapidamente e de maneira suspeita. Senti certo receio, não por mim, mas por Alice. E se um dia resolvessem tirar minha filha? Mas a ideia passou e o medo também. Nunca me procuraram e, com o tempo, acabei fazendo um esforço para esquecer essa história. Para mim, sobrou a melhor parte de tudo: minha filha.

— Alice não sabe de sua origem?

— Não; não queria que minha filha sentisse o que senti naquela época. Era muito amada por mim e, naquele momento, acreditei que isso bastaria para sempre.
— E como você justificou o nascimento dela?
— Inventei uma história. Disse que foi um namorado, também do orfanato, que acabou morrendo antes mesmo de ela nascer. Menti para minha filha, mas agora preciso contar a verdade.
— O que está acontecendo de tão grave assim?
— Hoje, o sr. Gabriel mandou me chamar e contou que trabalha para Eduardo desde aquela época; que só fui trabalhar na casa dele a pedido do cliente traficante. Foi tudo combinado. Até mesmo a dona da pensão na qual morei alguns dias sabia desse arranjo e participou da tramoia.
— Meu Deus, Flor! Esse infeliz sempre soube onde você estava?
— É isso que me assusta. O sr. Gabriel, hoje, falou comigo de tal maneira, que não o reconheci. Parecia um marginal. Chegou a me ameaçar dizendo que, se não fizesse o que havia mandado, usaria outros meios.
— Como assim? Você está me deixando apavorado!
— Desculpe. Não queria lhe trazer dissabores, porém, não tenho mais ninguém em quem confiar.
— Não é isso, meu bem. Temo por você e Alice.
— Eu sei. Novamente, desculpe. Estou um pouco nervosa. O sr. Gabriel veio me dizer que o filho de Eduardo — o menino tem a mesma idade de Alice — está com um tipo raro de leucemia e precisa fazer um transplante. Ninguém da família é compatível, portanto querem que Alice faça um teste. Se eu não lhe contar o mais rápido possível essa história, ele mesmo o fará.

Flor prorrompeu em sentido pranto, e Toni a abraçou com carinho.

– Calma, calma... Tudo vai dar certo. Vou ajudá-la com Alice. Sua filha é uma boa pessoa; tenho certeza de que compreenderá suas razões.

– Ela vai sofrer. Por mais que seja um bom espírito, minha filha sofrerá. Menti para Alice a vida toda; sei que tenho minhas razões, e uma delas foi poupá-la dessa triste história, mas sempre falei sobre a importância da verdade. Ficará decepcionada comigo.

– Acredito que não; apenas precisará de um tempo para se ajustar a uma nova realidade. Mas estou certo de que Alice não ficará decepcionada. Vai refletir e verá que você fez o melhor que podia naquele momento. Flor, você era apenas uma criança... Quando Alice e Tiago voltarão do acampamento?

– Amanhã, às dezoito horas, deverei esperá-los na porta da escola.

– Até lá, teremos tempo para conversar e decidir qual será a melhor maneira de falar com Alice, está bem? Agora, que tal aquela lasanha?

– Ah, desculpe... Nem me lembrei de que você estava sem comer. Vou colocá-la no forno. Já está descongelada; vai esquentar rapidamente.

Enquanto Flor contava sua história a Toni, estávamos ali com o intuito de auxiliá-la. Em determinado momento, Pentesileia se fez presente e observou a comovente cena. Em seguida, encarou-nos com raiva:

– E vocês ainda estão querendo ajudar aquele desgraçado?! Ele merece ser punido das maneiras mais dolorosas que puder encontrar. E vocês, covardes, deveriam estar a meu lado nessa empreitada de justiça.

— Estamos a seu lado, não da maneira que a irmã deseja, mas com certeza da maneira que nosso Pai nos ensina, por meio do perdão amoroso às ofensas.

— Não perdoarei jamais esse verme que corrói as entranhas de minha alma.

— Se tem esse poder de destruir o que há de melhor dentro de você, então ele ainda é mais forte. Contudo, se decidir que ele não pode mais fazê-la sofrer, estará se libertando de pesadas amarras. Lute contra esse sentimento de submissão à dor; eleve o ânimo na senda da bondosa decisão de voltar a comandar a sua vida — tornei com emoção.

— Vocês não entendem que somente terei paz no dia em que açoitá-lo em praça pública e torná-lo escravo rastejante a meus pés. E junto a mim estarão outras mulheres amaldiçoadas por esse desgraçado. Aí sim estaremos livres — retrucou a infeliz amazona.

— E esse momento tardio, em nome do qual vive nos últimos séculos, será tão prazeroso assim? E o que fará depois que a razão de sua vida não mais existir? Quem será que sobreviverá a esse momento? Antes de se autodenominar Pentesileia, qual era o nome da irmã? — indaguei, fitando os olhos amargos da amazona.

Ela me olhou com estranha perturbação. Notei que fazia tremendo esforço para rememorar um passado distante e, pela expressão do rosto, deduzi que nem mais se recordava de seu nome. Com constrangimento e insegurança, respondeu-me irada:

— Isso não interessa a você.

E partiu. Sozinha e cabisbaixa.

— Talvez seja essa a hora de a seguirmos e procurarmos assisti-la — sugeriu Ineque.

— Gostaria de tentar essa aproximação. Os amigos acreditam que posso ter sucesso? — inquiriu Ana com esperança.

– O amor é a energia mais poderosa do Universo. Se estiver decidida a auxiliar Pentesileia com amor, por certo em algum momento dessa caminhada sua ação trará benefícios aos envolvidos nessa dolorosa trama da vida – repliquei com carinho.
– Então, irei!
Ana se foi com radiante sorriso nos lábios.

16
Desaparecidos

887. Jesus ensinou ainda: "Amai aos vossos inimigos." Ora, um amor pelos nossos inimigos não é contrário às nossas tendências naturais, e a inimizade não provém de uma falta de simpatia entre os espíritos? Sem dúvida não se pode ter, para com os inimigos, um amor terno e apaixonado. E não foi isso que ele quis dizer. Amar aos inimigos é perdoá-los e pagar-lhes o mal com o bem. É assim que nos tornamos superiores; pela vingança nos colocamos abaixo deles.

(O Livro dos Espíritos – Livro III – As Leis Morais – Capítulo XI – Lei de Justiça, Amor e Caridade – Item III – Caridade e Amor ao Próximo)

Flor acabou ficando na casa de Toni. Só telefonou pedindo a Simone que ficasse no fim de semana e a substituísse. Simone era esposa de Adelson, o motorista, e moravam na mansão há muitos anos. Flor a preparara para substituí-la quando se ausentasse, por isso ficou tranquila. Apesar do comportamento de Gabriel, era uma pessoa bastante responsável com suas obrigações; além do mais, preocupava-se com o estado de saúde de Dora.

No domingo à tarde, o celular de Flor tocou. Ela o olhou e viu se tratar do celular de Gabriel. Contrariada, atendeu:
— Pois não, sr. Gabriel.
— Flor, você pegou o Tiago no acampamento?
— Não, senhor. Eles devem chegar perto das dezoito horas, estou me preparando para ir buscá-los.
— O coordenador ligou dizendo que Tiago e Alice estão sumidos desde a parte da manhã.
— O quê? — gritou ela em pânico.
Toni, que estava na varanda, percebeu o tom de pavor na voz de Flor e correu para dentro da casa. Encontrou-a pálida, com o telefone ao ouvido.
— O que aconteceu? — perguntou o médico em aflição.
Flor o encarava, mas não conseguia articular sequer uma palavra. Toni, então, tomou-lhe o telefone da mão e passou a conversar com Gabriel.
— Quem está falando?
— Aqui é Gabriel. Você, quem é?
— Sou Toni.
— O médico da emergência?
— Eu mesmo.
— Essa mulher não perde tempo... — comentou com desrespeito.
— Acho melhor você prestar atenção ao que fala. Flor não está mais só; vamos nos casar.
— Que seja. Mas, antes disso, ela precisa achar a filha.
— Do que se trata?
— Alice e Tiago sumiram do acampamento hoje cedo. Ninguém mais os viu. Procuraram em todo canto, e alguns alunos disseram que havia uns caras mal-encarados rondando o local desde ontem. Estou achando que Eduardo mandou raptar a menina, e meu filho idiota deve ter se envolvido na história.

– Você é empregado desse sujeito! Por que não confirma com ele?
– Já liguei, e ele não atende: nem no telefone da casa, nem do escritório, e o celular está desligado.
– Então vamos pedir ajuda à polícia.
– Você é doido? O cara é um bandido; pode matar meu filho. Dá o seu endereço que vou aí para conversarmos.
– Não se incomode. Estamos indo até aí.

Toni desligou o telefone e abraçou Flor, que começou a chorar.
– Acalme-se, por favor, meu bem. Precisamos manter a calma para socorrer Alice e Tiago.

Flor respirou pausadamente e, fazendo grande esforço, tentou se acalmar.
– Você sabe onde mora esse Eduardo?
– Se não mudaram de endereço, sei.
– Vamos até lá. Conversaremos com ele – sugeriu Toni. – Além do mais, não sabemos se foi isso mesmo que aconteceu.
– Quando você perguntou ao sr. Gabriel se tinha ligado para Eduardo, o que foi que ele respondeu?
– Que todos os telefones que conhece não atendem, e que o celular está desligado.
– Tenho certeza de que ele raptou os dois – afirmou Flor, recomeçando a chorar. – Não vou me descontrolar, mas não consigo parar de chorar.
– Tudo bem, meu amor. Chore e desabafe! Isso é normal. Vamos andando. Vamos à casa dele.

Flor e Toni dirigiram-se à casa de Eduardo. Chegando lá, chamaram pelo interfone, mas não houve resposta. Parecia um lugar abandonado.
– Não é possível que não haja ninguém aqui. Há muitos empregados! Tem um portão na lateral do muro, que está sempre

fechado só com trinco. É a entrada de empregados. Talvez não tenham trancado. Vamos tentar? – sugeriu Flor.

Toni concordou e os dois se deslocaram até o portão indicado por Flor. O portão abriu com um estalido e eles entraram na propriedade. Flor foi à frente, pois conhecia o local. Logo chegaram a uma pequena rua, onde existiam várias casinhas geminadas. Flor foi batendo de uma a uma. Mas ninguém atendeu a seu chamado.

– Isto aqui está deserto – comentou Toni.

– Espera, tem um senhor que cuida dos jardins. Ele nunca sai daqui. Quando era dada folga aos empregados, ele ficava escondido dentro do galpão de ferramentas. Vamos até lá – informou Flor.

Os dois caminharam durante alguns minutos e logo avistaram o galpão. Flor se aproximou e empurrou a grande porta de ferro. Um senhor de bastante idade olhava, assustado, para a porta. Admirado, perguntou:

– Flor? O que faz aqui?

– Oh, sr. Joaquim, graças a Deus está aqui.

O velho amigo se aproximou da antiga amiga e a abraçou com carinho.

– Menina, você está muito bonita, como sempre. Não mudou nada.

– Senhor Joaquim, sabe onde está Eduardo?

– Na sexta-feira, ele chamou todos os empregados e disse que ia fazer um agrado para todos. Cedeu a mansão da praia, ofereceu condução, dinheiro, tudo de graça. Como não gosto de sair, escondi-me aqui e fiquei. No sábado de manhã vieram uns sujeitos mal-encarados e fizeram uma reunião no terraço.

– O senhor conseguiu ouvir alguma coisa do que conversaram?

– A menina sabe que não sou bisbilhoteiro, mas falavam tão alto, que não deu para deixar de ouvir. Aquele lá está me saindo pior que o falecido pai. Juro que escutei eles dizendo que iam raptar alguém e depois levar para uma clínica.

– Oh, meu Deus! O senhor tem certeza disso, sr. Joaquim?

– Certeza, mesmo, eu não tenho, principalmente porque a ideia é meio esquisita... Raptar alguém para levar ao médico? Não faz sentido! – comentou o homem, abanando a cabeça.

– Talvez faça sim, sr. Joaquim. O filho de Eduardo está doente, não é? O senhor sabe em que hospital ele está internado? – indagou Toni.

– Quem é você? – inquiriu Joaquim, o ar meio ressabiado.

– Meu nome é Toni. Sou médico e noivo de Flor – esclareceu ele.

– Prazer. O menino Júnior está internado naquele hospital grande, aqui do bairro mesmo – disse o jardineiro.

– Flor, vamos até lá. Quem sabe não encontramos o Eduardo no hospital?

– Está bem. Vamos sim. Obrigada pela ajuda – agradeceu Flor, despedindo-se de Joaquim.

No caminho para o hospital, Toni e Flor foram trocando algumas ideias.

– Toni, você não sabe de nenhuma clínica que poderia fazer o transplante ou colher material de Alice, assim meio ilegal?

– Infelizmente, já ouvi falar de várias clínicas que se prestam a esses serviços. É uma vergonha para a classe médica, que faz um juramento de salvar vidas, não importam os benefícios financeiros; porém, sabemos que aqueles que têm poder aquisitivo alto não entram em filas para nada.

– São muitas?

– Infelizmente sim. E não temos como invadir cada uma atrás de Alice e Tiago. Devemos contar com a boa vontade de Eduardo e convencê-lo a nos dizer onde estão os meninos.

Nesse instante, o celular de Flor tocou de novo. Era Gabriel.

— Onde vocês estão? Estou aqui feito bobo esperando.

— Demoraremos um pouco. Continue aí. Talvez Eduardo entre em contato — aconselhou Flor.

— Vocês não estão fazendo besteiras, não é? — quis saber Gabriel.

— Não, não estamos fazendo besteiras. Isso quem fez foi você — retrucou a pressurosa mãe, desligando o telefone.

Toni tocou a mão de Flor com carinho, e esta disse, justificando-se:

— Sempre os respeitei, sempre fui grata por terem me acolhido, e ainda sou; mas não consigo mais ver o sr. Gabriel da maneira como o via antes. A palavra *senhor* para mim tem um sentido de respeitosa reverência, e isso ele não merece de minha parte. Após resolver esse problema, sairei de lá. Não os deixarei na mão, por causa de dona Dora e Tiago; mas Simone poderá me substituir com bastante eficiência — expressou Flor com firmeza.

— De quanto tempo você precisa? Um mês? — indagou Toni.

— Acredito que sim; espero não precisar mais que isso.

— Então poderemos marcar nosso casamento para daqui a um mês, está bem?

— Casamento? Um mês? — questionou Flor, perplexa.

— Isso mesmo. Casamento, dona Flor. Não quero perder tempo, você é muito preciosa para mim — respondeu Toni com um sorriso.

— Oh, meu bem! Se não fosse esse problema que vivenciamos neste momento, poderia dizer que é o instante mais feliz de minha vida — disse ela com grande afeto, e, delicada, levou a mão de Toni aos lábios e a beijou.

— Desejo cuidar de vocês. Nada parecido acontecerá novamente; agora são minha família. Eu as amo muito.

Flor o olhou com lágrimas nos olhos, refletindo: "Meu Deus, obrigada por este presente em minha vida. Farei o que estiver ao meu alcance para retribuir esse carinho, trabalhando em Seu nome".

Toni estacionou o carro e se dirigiram à portaria do hospital, pedindo informações sobre o rapaz adoentado. A recepcionista informou:

— Ele ainda está internado aqui, mas está isolado, devido à gravidade do caso. Não pode receber visitas.

— E a família? Você viu se tem alguém por aqui? — indagou Toni.

— O senhor é médico, não é? — perguntou a recepcionista.

— Sou sim, e de vez em quando substituo um colega neste hospital — explicou Toni.

— Sabia que o conhecia. O sr. Eduardo, o pai, acabou de passar por aqui e avisou que, se o advogado dele, o sr. Gabriel, aparecesse, deveria informar que estava no restaurante.

— Obrigado. Vamos até lá.

Flor e Toni dirigiram-se ao restaurante. Assim que entraram no ambiente, Flor avistou Eduardo sentado a um canto.

— Boa noite, Eduardo — cumprimentou ela com firmeza.

O outro se levantou, demonstrando certo receio.

— Flor, o que faz aqui?

— Onde estão minha filha e Tiago?

— Não sei do que está falando. Mandei Gabriel conversar com você e estou esperando uma resposta — retrucou Eduardo com agressividade.

— Não me enrole; sei quem você é. E sabemos que mandou raptá-la — informou Flor, encarando-o com firmeza.

— Você está louca? Alice também é minha filha. Apesar de não ter criado a menina, sempre tive notícias dela, e tenho muito orgulho da criação que você lhe deu. Não mandaria que fizessem algo assim com ela. Estou aqui nervoso... Até rezar já rezei. Para salvar um filho, vou ter de magoar o outro. E por que está falando em rapto? — perguntou Eduardo com lágrimas nos olhos.

155

Flor fitou-o com desconfiança e voltou o olhar para Toni, em busca de ajuda.

— Meu nome é Toni, sou noivo de Flor. Gabriel ligou para Flor, algumas horas atrás, dizendo que Alice e Tiago haviam sumido do acampamento. Ele acha que você mandou raptar os dois — esclareceu Toni.

— Maldito! Se alguém fez isso, foi ele, e não eu — Eduardo vociferou.

— Por que diz isso? — inquiriu Flor.

— Porque lhe prometi muito dinheiro se conseguisse falar com você e convencer Alice a ajudar o irmão.

— E você acredita que ele faria isso? Tiago também sumiu — falou Toni.

— Acredito que ele não contava com isso — acrescentou Eduardo.

— Estivemos em sua casa — disse Flor. — O jardineiro, sr. Joaquim, estava lá e disse que ontem teve uma reunião em sua casa e que você mencionou que iria raptar alguém — explicou Flor.

— Faz três dias que estou no hospital com meu filho. Estou hospedado no hotel ali em frente. Se quiserem, podem ir até lá e confirmar. Dei folga aos empregados a conselho de Gabriel, para aproveitar esses dias que estou longe e lhes fazer um agrado. Ele me enrolou. Foi ele quem fez essa reunião. Não estou entendendo mais nada... — soltou Eduardo, passando as mãos pela cabeça em sinal de preocupação.

Flor empalideceu.

— Se for mesmo Gabriel quem fez isso, minha filha corre perigo de vida.

— Flor, lembre-se de que Tiago está com ela — avisou Toni.

— Isso é verdade. Só por causa desse fato é que Gabriel tomará mais cuidado — ponderou Eduardo. — O filho poderá descobrir que ele é o responsável por tudo, algo que, com certeza, ele não deseja.

– Após a morte de Sabrina, ele ficou muito mal. Falava que iria se vingar do responsável. E ela morreu de overdose... – Flor começou a falar, e estacou ao trocar um olhar com Eduardo. – Você está envolvido com tráfico de drogas, não é?

Eduardo, lívido, quase berrou:

– Miserável! Será que ele me culpa por isso?

– Ele quer se vingar de você. A última esperança de seu filho é que Alice seja compatível, mas, se ela sumir por um tempo... – completou Toni.

– O Júnior morre – concluiu Eduardo.

– Precisamos avisar a polícia – disse Flor, já em pânico.

– Pode deixar que cuido disso – afirmou Eduardo. – Se ele souber que deduzimos o que está acontecendo, pode se descontrolar e fazer mal para a menina – tornou Eduardo.

– Não quero violência, está me ouvindo? – pediu Flor.

– Não se preocupe. Até amanhã sua filha estará em casa, sã e salva; mas você precisa me prometer que vai falar com ela sobre o irmão – pediu Eduardo.

– Já havia me decidido a respeito. Tenho certeza de que minha filha ajudará seu filho de boa vontade. Mas, depois disso, desejo que nos deixe em paz e nos esqueça para sempre – solicitou Flor.

– Está bem – concordou Eduardo, cabisbaixo, e prosseguiu, oferecendo a Toni um celular: – Mantenham esse aparelho ligado. Tenho outro; qualquer coisa eu ligo. Flor, perdoe-me. Há dezoito anos, estava muito bêbado e drogado. Era tão irresponsável...

– Já o perdoei há tempos; mas, quanto à irresponsabilidade... você ainda lida com drogas? – perguntou ela, dando-lhe as costas e deixando o restaurante, sem lhe dar tempo para responder.

Ao sair do prédio hospitalar, Flor chorava convulsivamente. Toni a amparou com firmeza, dizendo-lhe:

— Vai dar tudo certo. Vamos à casa espírita Caminheiros de Jesus. Hoje tem palestra e estaremos em um ambiente mais bem preparado para pedirmos ao Pai por nossos jovens.

Toni passou a rezar o pai-nosso em voz baixa, ao ouvido de Flor, e uma doce energia foi envolvendo o casal. Belíssima entidade de plano melhor se fez presente e os abraçou com carinho. Flor ergueu a cabeça e a avistou, como formoso raio de luz. Agradecida, fez coro a Toni, terminando a formosa oração que nosso amado mestre nos legou como a herança perfeita para chegarmos ao Pai, orando com a mais pura das intenções de amor.

Maravilhado, olhei para meu amigo, Ineque, e percebi que sua emoção assemelhava-se àquela sentida por mim.

Ah! Quando nosso coração aprende a perdoar, quanto benefício colhemos pelo caminho. Digno exemplo de nossos assistidos, que, apesar da dor provocada pelo desatino alheio, no coração amoroso não tem lugar para os mais desequilibrados sentimentos.

17
Mais uma vez na cidadela

888. Que pensar da esmola?
O homem reduzido a pedir esmolas se degrada moral e fisicamente: se embrutece. Numa sociedade baseada na lei de Deus e na justiça, deve-se prover a vida do fraco, sem humilhação para ele. Deve-se assegurar a existência dos que não podem trabalhar sem deixá-los à mercê do acaso e da boa vontade.

(O Livro dos Espíritos – Livro III – As Leis Morais – Capítulo XI – Lei de Justiça, Amor e Caridade – Item III – Caridade e Amor ao Próximo)

Após a saída de Flor e Toni do hospital, Eduardo se dirigiu ao quarto de isolamento onde estava internado seu filho. Através de um grosso vidro, observou o jovem de aparência frágil, acentuada por doentia palidez. Emocionado, permitiu-se abençoado pranto convulsivo, pensando em desalento: "Será que meu filho sofre por meus atos? Será que minha avó tinha razão quando dizia que os inocentes pagam pelos pecadores? Se existir esse Deus de que tanto falam, peço neste momento que não puna meu filho. Eu sou o pecador, portanto aceito passivo o castigo que me impingir".

Espírito de indiscutível bondade se fez presente naquele instante e, sorrindo, aproximou-se de Eduardo e o envolveu em dúlcidas vibrações de amor. Amoroso, passou a intuí-lo com ideias de amor e perdão:

– Querido de meu coração, permita-se o autoperdão, que o iniciará na senda luminosa das bênçãos divinas. Olhe para seu filho como fonte inesgotável de vida eterna, alimente-o com seu amor paternal, ore por ele e por você mesmo. Abra seu delicado coração divino e deixe que a chama da filiação com Deus se expanda e transforme dor e desvarios em poderosas ferramentas evolutivas.

Conforme o adorável amigo o envolvia naquela maviosa energia de amor, Eduardo foi calando o pensamento triste e doentio, e permitiu a chegada de uma nova vida. Por fim, refletiu, quase com felicidade transparecendo nas emanações energéticas: "Não sei como farei isso, mas prometo que farei. Transformarei minha vida e não mais participarei desse mundo de destruição. Não sei como me livrar disso, mas vou conseguir. Agora preciso encontrar Alice e Tiago; eles são boas pessoas, com noções de moralidade das quais sequer passei perto a vida toda. Não vou envolvê-los nesta história. Aqui e agora acaba toda essa tristeza. Pedirei a Flor que esqueça meu pedido. Sei que meu filho depende da irmã para sobreviver, isso se ela for compatível, mas não quero que ela sofra... Não é justo".

Saiu do hospital caminhando a passos firmes e seguros, a cabeça erguida e movido por um novo ânimo. Entrou no carro, ligou para Flor e expôs sua opinião. Em seguida lhe pediu que não contasse nada a Alice.

Flor, admirada com o comportamento de Eduardo, colocou Toni a par da situação.

— Apesar da nova disposição de Eduardo, de poupar sofrimento a Alice, acredito, com firmeza, que minha filha preferiria fazer a própria escolha, e sei que essa escolha será ajudar o irmão. Está na hora de conhecer a sua história. Apesar de não ser das melhores, é a história dela.

꩜

Enquanto participávamos desses momentos edificantes da vida, Ana se preparava para descer aos sítios dolorosos ocupados pelas Amazonas da Noite. Juntamo-nos à doce amiga e, paramentados e escoltados por batedores que conduziam admiráveis mastins negros, dóceis ao trato amoroso e fiéis em seu trabalho de proteção às equipes socorristas, combinamos que sairíamos ao alvorecer desse novo e magnífico dia, oportunidade de trabalho para todos nós, espíritos caminhantes no mundo de Deus.

Voltamos a trilhar o mesmo caminho de antes, a terra batida e ressequida, impregnada de densas energias que serviam de prisão aos infelizes espíritos ainda ignorantes do Bem Maior. À nossa passagem, reconhecia os mesmos comportamentos de tantas outras oportunidades de trabalho, o desequilíbrio se manifestando de formas grotescas. Criaturas em graves deformações físicas nos afrontavam com a intenção de despertar nossas reminiscências de um passado brutal.

Em determinado ponto do caminho vimo-nos cercados por enormes criaturas vestidas em trajes típicos daquela comunidade.

A mesma criatura que nos afrontou em outra situação aproximou-se apontando estranha arma em nossa direção. Os enormes mastins, de imediato, posicionaram-se à frente, em atitude de defesa, controlados pelos adestradores.

Caminhei em sua direção e a cumprimentei respeitosamente:
– Bom dia. Desejamos à irmã um excelente dia no reino de Deus.

Sarcástica, ela riu alto.
– Você deve estar muito confuso mesmo. Este aqui é o reino das Amazonas da Noite. Não temos um rei a nos comandar, e sim uma rainha, Pentesileia, a quem devemos obediência e fidelidade.
– O que é excelente exercício a todos nós. É por intermédio desses relacionamentos benditos que acabamos por descobrir, dentro de nós mesmos, as mais belas virtudes.
– Você está bendizendo o que veio destruir? Não há aí uma disparidade de ideias e comportamentos?
– A ninguém é dado o direito de destruir, mas sim de transformar. Essa transformação só acontece quando emerge de nossos mais saudáveis sentimentos, e somos nós os agentes dessa ação; a outros cabe apoiar, auxiliando aquele que necessita; porém, se não percebemos o momento adequado à transformação de nossos esforços, direcionando-os de maneira correta, mas, ao contrário, se teimosamente insistimos em permanecer na retaguarda das próprias possibilidades, o Pai amado nos beneficia com o auxílio necessário. E não são raras as oportunidades em que a destruição se torna elemento construtor – ponderei carinhosamente.
– Do que fala? Destruir para construir? Se seu Deus, a quem chama de pai, destrói os próprios filhos, como podemos ser diferentes? – perguntou a amazona.
– N'*O Livro dos Espíritos*, há um capítulo que fala sobre a lei de destruição, e nosso amado codificador Allan Kardec pergunta aos espíritos melhores se a destruição é uma lei da natureza, recebendo a seguinte resposta: "É necessário que tudo se destrua para

renascer e se regenerar, porque isso a que chamas destruição não é mais que a transformação, cujo objetivo é a renovação e o melhoramento dos seres vivos" – respondi à irmã.

– Está querendo dizer que se nossa sociedade for destruída será melhor para nós? Ou nos humilharão, com equivocada esmola, oferecendo o céu dos justos? – redarguiu a triste amazona.

– Não acreditamos que de alguma maneira mágica modificaremos a sua vida, ou a faremos entender as bênçãos do Pai como a mais pura forma de caridade. Voltemos no tempo, quando a irmã, após momentos dolorosos de sofrimento, sentia-se solitária e abandonada. Então encontrou essa comunidade e passou a fazer parte de algo que a auxiliou a se livrar da fase depressiva, dando-lhe novos objetivos e motivos para prosseguir vivendo e realizando. Voltou a amar e a acreditar que poderia ser fiel, e também a receber em retorno a fidelidade de alguém; assim, aos poucos, voltou a acreditar que poderia confiar. Tudo se transformou para melhor, e agora é chegada a hora em que deverá transformar seus sentimentos por meio do perdão às ofensas; de descobrir que esse sentimento que permitiu voltar a ter vida em seu coração pode ser maior e de alcance mais amplo e intenso – esclareci com carinhosa paciência.

A infeliz criatura nos olhou e tornou com raiva:

– Isso não me interessa! Tenho ordens de não permitir a passagem de sua caravana, e daqui não passarão – retrucou a amazona, apontando a arma em nossa direção e, mentalmente, instruindo as companheiras, também portadoras do estranho instrumento, a disparar contra nós

Densa energia se formou e, tomando estranhas formas, alcançou nosso grupo, que prontamente se mobilizou e, de modo pacífico, passou a transformar dor em energia balsamizante e direcioná-la às queridas irmãs, que, ao serem tocadas por agradável sensação de paz, sentiam intensa fraqueza e resvalavam ao chão, inconscientes. De pronto, socorristas acomodaram-nas em macas apropriadas e as encaminharam ao posto de socorro. Apenas a amazona sacerdotisa permaneceu no local, o olhar perplexo diante dos acontecimentos que presenciara.

– O que fizeram com minhas discípulas? Qual a mágica para transformá-las em simples fardos, carregados ao prazer de seus captores? Eram as mais fiéis e fortes de meu séquito pessoal. Eu os odeio com todas as minhas forças; minha vida terá o objetivo de capturá-los e reduzi-los a meros joguetes em minhas mãos. – E, dirigindo-se a Ana, falou com violência: – Você há de pagar por seus crimes contra a cidadela. Será julgada em praça pública e não terá perdão. Nós, as Amazonas da Noite, temos direito à justiça, por isso julgamos, condenamos e castigamos. Você se lembra de como é. – A sacerdotisa ameaçou nossa querida amiga com terrível ressentimento transparecendo nas feições deformadas pela dor moral que lhe consumia a alma.

– Se necessário for, vou me submeter a julgamento. Creio em Deus, nosso Pai amoroso, e, se Ele conduzir-me ao cadafalso, provarei minha fé, acreditando, principalmente, que estarei oferecendo a vocês o melhor de meus sentimentos de gratidão – tornou Ana, com toda serenidade e doçura.

– Gratidão? Você nos traiu e abandonou! Agora volta oferecendo-nos sacrifícios com a intenção de nos fazer desacreditar naquilo por que lutamos tanto? – vociferou a amazona.

– Nada na vida é para sempre. A vida é fantástica experiência que se transforma a cada dia, tornando-nos mais saudáveis e melhores espíritos nessa caminhada. Estagnar é adoecer! Há quanto tempo não faz uma reflexão sobre o que vive, sobre os sentimentos mais íntimos? – questionou Ana.

– Não questiono meus sonhos realizados. Estou aqui porque quero e da maneira que quero. Não pense que me fará renegar, como fez, a minha cidadela. Este lugar não é apenas um ajuntamento de almas alienadas de um mundo infernal. A cidadela é uma comunidade de irmãs que se amam e se compreendem, pois vivenciamos todas os mesmos sofrimentos, provocados por essa espécie inferior: os machos – expressou a triste senhora das sombras.

– Não discutirei seus motivos, pois sei que não poderá entender, ainda, a maneira como pensamos, através do perdão e de sentimentos fraternais em benefício dos que agiram como algozes – respondeu Ana com mansuetude. – Aprendi que é só através de benditas provações e expiações que o espírito fraterno poderá ser feliz, pois entenderá que mais vale ser aquele que auxilia que aquele que necessita de auxílio. Um dia, que não está distante, estaremos todas juntas em uma mesma caravana de amor, socorrendo nas furnas, e, ao fitar os olhos de minha irmã, poderei, feliz, reconhecer a lucidez do espírito à caminho da bondade eterna.

– Não mais escutarei essas balelas mentirosas. Eu a conheço muito bem! – E, ao dizê-lo, a sacerdotisa partiu, envolta em densa e escura nuvem energética.

Ana elevou o pensamento ao Pai e, agradecida, proferiu amorosa prece petitória e de gratidão:

– Obrigada, Pai amado, pelas oportunidades que surgem em nossa vida de todas as maneiras, as mais visíveis e as mais sutis. Obrigada por acreditar na possibilidade de sermos hoje os que auxiliam, e também obrigada por amigos melhores estarem a nosso lado para que consigamos levar adiante a recuperação de um passado assentado no desequilíbrio de emoções. Peço-Vos, Senhor da vida, que nos fortaleça nessa caminhada amorosa, para que o bom ânimo não esmoreça diante das provas vindouras, mas que todos os obstáculos encontrados à dianteira nos sirvam de incentivo a superar as limitações.

Juntos, oramos o pai-nosso em benefício de nós mesmos e de toda a humanidade, caminhantes em direção à perfeição, da maneira como ainda a entendemos. Reanimados em nossos propósitos, prosseguimos.

Chegamos ao portal de entrada para a cidadela. Observamos que a energia transformava-se de maneira sensível. Parecíamos haver entrado em denso nevoeiro, que nos exigia readequação de estrutura perispiritual. Alceu, coordenador da equipe de socorristas que nos acompanhava, aconselhou-nos a ativar pequeno aparelho preso às nossas vestimentas. Seguimos as instruções e, de imediato, uma fina camada energética envolveu-nos, semelhante a uma cúpula de cristal. Sentimo-nos melhor. Sensação de frescor e límpida lucidez trouxe-nos conforto e segurança. Alceu convidou-nos a um momento de descanso, enquanto refazíamos o campo energético. Curioso, indaguei ao amigo:

– Da primeira vez que visitamos a cidadela, as sensações não foram tão desagradáveis. Algo se modificou?

– Pentesileia se prepara para nossa volta desde aquele dia. Sente-se insegura quanto à capacidade de resistir ao chamamento do Pai por meio desse socorro, e ordenou que nos dificultassem a caminhada. Há dias as amazonas vêm armazenando e impregnando o território com energias características dos habitantes. O aparelho que foi oferecido a todos como auxiliar na manutenção de boa qualidade energética faz a mesma coisa; a diferença é que colhe e armazena energias salutares – explicou-me Alceu.

– Então, quando o ativamos, liberamos essa energia que nos envolve, criando uma cúpula energética de proteção? – indaguei ao amigo.

– Você se lembra de outro trabalho de socorro, quando descemos às furnas benditas em socorro da comunidade que perseguia a família de Rafael?[3] – perguntou Maurício.

– Lembro sim – repliquei.

– Recebemos como vestimenta pesados mantos que nos cobriam da cabeça aos pés, para que nos misturássemos àquela comunidade, e também nos serviam como barreira de contenção energética. Esses instrumentos são confeccionados de acordo com as necessidades descritas pelos trabalhadores das zonas abismais – esclareceu Maurício.

– Exatamente. Temos cientistas que se dedicam a pesquisar várias formas de utilização e manipulação desse fluido energético. Dessa maneira, beneficiam os trabalhadores do Senhor no plano invisível, e também, em alguns casos, dedicam-se a acompanhar cientistas encarnados sobre o globo – enfatizou Alceu.

– Esses cientistas que servem as comunidades encarnadas durante o desdobramento pelo sono também trabalham em pesquisas junto à comunidade científica desencarnada? – questionou Maurício.

– Assim como em todas as atividades exercidas em benefício da humanidade. Há interação quase perfeita entre os dois mundos. As descobertas científicas no plano material são originadas no plano invisível – redarguiu Alceu.

– E quando essas descobertas são utilizadas para o mal? – ponderou Maurício. – Como é o caso da divisão do átomo...

– Quando uma descoberta científica chega à humanidade, sempre é para o bem. Contudo, a imperfeição moral dos espíritos, não raro, acaba por direcionar aquele bem de maneira equivocada,

---

3. Referência à história relatada no livro *Obsessão e perdão*, do mesmo autor espiritual Vinícius. Lúmen Editorial (N.M.).

assim provocando o mal; mas o mal é transitório, e o equilíbrio se manifesta por meio do sofrimento, que leva os infelizes à reflexão do que causa suas dores – argumentei. – Nesses momentos admiráveis, consciências são despertas e magníficas situações de manifestação fraternal são observadas. Um exemplo do que estamos comentando é o pós-Segunda Guerra Mundial, quando a população do globo se manifestou em busca de soluções para que no futuro algo semelhante não voltasse a acontecer, criando organizações em defesa da paz, como a ONU, a Unesco e várias outras. Como já comentamos em outras oportunidades, os instrumentos são inofensivos; quem lhes dá qualidade na utilização somos nós, os seres racionais.

– Acredito que já nos refizemos energeticamente. Convido-os a continuar nossa caminhada – propôs Alceu.

Os batedores guiando os belos cães seguiam à frente da caravana. Cada dia mais encantado com o que vivenciava no mundo dos espíritos, ofereci ao Pai meus mais nobres sentimentos de gratidão, seguidos da ação benéfica do auxílio aos mais necessitados. E, mais uma vez, percebi emocionado que era eu o maior beneficiado.

Creio ter permitido que meu semblante espelhasse tais sentimentos, pois Ana, olhos marejados de lágrimas, fitou-me e falou:

– Quando sinto o carinho que floresce em nosso coração, fortaleço-me e acredito com mais firmeza na felicidade do dia vindouro.

18
Esclarecimento espiritual

888-a. Então condenais a esmola?

Não, pois não é a esmola que é censurável, mas quase sempre a maneira por que ela é dada. O homem de bem, que compreende a caridade segundo Jesus, vai ao encontro do desgraçado sem esperar que ele lhe estenda a mão. A verdadeira caridade é sempre boa e benevolente; tanto está no ato quanto na maneira de fazê-la. Um serviço prestado com delicadeza tem duplo valor; se o for com altivez, a necessidade pode fazê-lo aceito, mas o coração mal será tocado.

Lembrai-vos ainda de que a ostentação apaga aos olhos de Deus o mérito do benefício. Jesus disse: "Que a vossa mão esquerda ignore o que faz a direita". Com isso, ele vos ensina a não manchar a caridade pelo orgulho.

É necessário distinguir a esmola propriamente da beneficência. O mais necessitado nem sempre é o que pede; o temor da humilhação retém o verdadeiro pobre, que quase sempre sofre disto sem se queixar. É a esse que o homem verdadeiramente humano sabe realmente assistir sem ostentação.

Amai-vos uns aos outros, eis toda lei, divina lei pela qual Deus governa os mundos. O amor é a lei de atração para os seres vivos e organizados, e a atração é a lei de amor para a matéria inorgânica.

> *Não olvideis jamais que o Espírito, qualquer que seja o seu adiantamento, sua situação como reencarnado ou na erraticidade, está sempre colocado entre um superior que o guia e o aperfeiçoa e um inferior perante o qual tem deveres iguais a cumprir. Sede, portanto, caridosos, não somente dessa caridade que vos leva a tirar do bolso o óbolo que friamente atirais ao que ousa pedir-vos, mas ide ao encontro das misérias ocultas. Sede indulgentes para com o erro de vossos semelhantes. Em lugar de desprezar a ignorância e o vício, instruí-os e moralizai-os. Sede afáveis e benevolentes para com todos os que vos são inferiores; sede-o mesmo para com os mais ínfimos seres da Criação, e tereis obedecido à lei de Deus.*
>
> São Vicente de Paulo
>
> *(O Livro dos Espíritos – Livro III – As Leis Morais – Capítulo XI – Lei de Justiça, Amor e Caridade – Item III – Caridade e Amor ao Próximo)*

Alice e Tiago encontravam-se presos por pesadas correntes num velho e imundo armazém, localizado no caís do porto de uma cidade praiana do litoral paulista.

Haviam se passado quarenta horas desde o instante em que foram aprisionados por três sujeitos mal-encarados que rondavam o acampamento desde o momento em que ali chegaram.

No dia do rapto, Tiago estava sentado à beira de um riacho de águas límpidas, quando avistou uma preguiça se deslocando, vagarosamente, pela trilha que levava ao acampamento. Deslumbrado pela beleza do animal, correu e chamou Alice, que o acompanhou de bom grado. Assim que se distanciaram do grupo de amigos, os três sujeitos os sedaram com algodão embebido em clorofórmio. Ao acordar, estavam fortemente imobilizados por pesadas correntes, presas a ganchos fincados na parede do armazém.

Apavorados, gritaram e tentaram se soltar, conseguindo apenas machucar os pulsos.

– Alice, não adianta tentar soltar essas correntes. São muito grossas, e o cadeado é grande.

– E o que vamos fazer? Ficar aqui, esperando os malucos que nos raptaram?

– Não vejo outra saída. Por enquanto, vamos ter paciência. Assim que derem por nossa falta, virão nos procurar.

– E quem saberá onde estamos? Preste atenção! Parece barulho de barco.

– Acho que estamos em um porto. O mais próximo de onde estávamos é o porto de Santos.

– Meu Deus! Por que alguém iria querer nos ferir?

– Talvez estejam pedindo resgate a meu pai.

– Seu pai é rico, mas minha mãe não é.

– Mas você estava comigo o tempo todo; acho que a pegaram por falta de opção.

– Oh, Tiago! Estou com medo.

O rapaz tentou esticar o braço e tocar Alice, mas a distância entre os dois era maior. Então, com carinho, acalmou-a:

– Não se preocupe, meu bem! Tenho certeza de que dará tudo certo. Vamos orar e pedir a Deus que nos proteja e ampare, está bem?

– Estou ficando com falta de ar – disse Alice, ofegante.

– Você está nervosa! Precisa permanecer tranquila e acreditar que tudo dará certo. Vamos orar!

Tiago passou a orar o pai-nosso e Alice o acompanhou, fazendo um grande esforço para controlar a ansiedade crescente.

Eduardo mandara chamar Cristiano, seu braço direito em todos os assuntos.

Cristiano entrou no escritório onde Eduardo se achava acomodado.
– Você mandou me chamar com urgência? Aconteceu alguma coisa grave?
– Aconteceu sim. Gabriel me aprontou uma boa; mas sente-se que preciso lhe contar uma história, senão não vai entender nada.
Cristiano se sentou diante da escrivaninha onde estava Eduardo.
– Você se lembra de Flor? – Cristiano fez um gesto afirmativo com a cabeça, e Eduardo continuou: – Ela foi embora porque esperava um filho meu. Para encurtar a história, demos um jeito de empregá-la na casa do Gabriel. A criança nasceu, é uma menina muito bonita e boa. Você sabe que o Júnior está doente, não é? Ele tem leucemia, um tipo raro, e nenhum tratamento faz mais efeito. A única opção é um transplante de medula óssea, mas ninguém da família é compatível com ele. Então, restou Alice, minha filha.
– Nossa! Que situação difícil! E você já falou com a mãe da menina?
– Fui obrigado a falar, pois Gabriel mandou raptar a garota e, no rolo, o filho dele foi junto. Não sei qual a intenção desse desgraçado, mas acredito que botou na cabeça que sou o responsável pela morte da filha dele, a Sabrina, a menina que morreu de overdose, sabe?
– Mas por que ele o está culpando?
– E eu sei lá o que vai na cabeça desse maluco?
– Quem ele contratou para fazer o serviço? Você sabe?
– Lembra do Armando, aquele indivíduo que mandei embora?
– O motorista que andava metendo o bico nos negócios?
– Ele mesmo. Andei fazendo umas perguntas por aí, antes de chamar você. O pessoal disse que ele andou falando que ia entrar em uma grana boa; que o negócio vinha de um advogado, por essa razão ia ser moleza.

— Esse sujeito, o Armando, não é flor que se cheire. Tem passagem pela polícia por assassinato. Os meninos estão correndo sério perigo. Você tem ideia de onde ele pode ter escondido os garotos?

— Não, por esse motivo o chamei. Quero que fique à frente dessa história. Não meça despesas; gaste o que for preciso para comprar informações. Mas quero esses dois fora do cativeiro até amanhã cedo, no máximo.

— Pode deixar, sei a quem recorrer. E o Júnior, como está?

— Muito fraco! Não consegue mais levantar da cama. O médico disse que, se não conseguirmos um doador o mais rápido possível, não tem salvação — tornou Eduardo, a voz embargada pelo pranto.

— Trarei a menina o quanto antes, e vai dar tudo certo.

— Cristiano, não quero que ninguém, além de mim e da mãe, fale com Alice, está bem? E cuide para que nada de mal lhe aconteça.

— E quanto a Gabriel? O que devo fazer?

— Por enquanto nada. Depois resolvo isso.

— E se for mesmo o Armando quem raptou os dois?

— Dá um jeito para que esse sujeito não faça isso com mais ninguém!

Cristiano saiu da sala e, de pronto, dirigiu-se a um bairro da periferia da grande cidade. Estacionou em frente à entrada de uma favela e chamou um homem que estava parado ali, servindo de guarda.

— Oh, Sozó! Vem aqui!

— O que foi, doutor?

— O Delegado está por aí?

— Está sim!

— Diga a ele que preciso ter um dedo de prosa com ele agora, e estou esperando no lugar de sempre.

Cristiano se dirigiu a uma pequena casa, perto da favela, e esperou impaciente pela chegada do homem que nomeara de

Delegado. Logo a porta se abriu e um indivíduo de estatura mediana entrou e cumprimentou o outro com um sorriso.

– O que foi? Tem mercadoria nova?

– O assunto é outro. Você sabe do paradeiro do Armando?

– Ele anda por aqui. Arranjou um barraco na favela, é onde mora.

– Ele está metido em um rapto de dois jovens, um menino e uma menina, que são parentes do chefe. E ele os quer de volta ainda hoje, sãos e salvos. Paga bem pelo serviço. E o Armando pode tomar um chá de sumiço; o preço para essa parte do serviço é outro.

– Pode considerar feito.

– Vou com você para garantir que os meninos não sofram nada. Você fica por lá e termina o serviço. Vou deixar os jovens em frente do posto de saúde do bairro. Lá tem um posto policial e é mais seguro para eles. E tudo isso de bico calado; não queremos essa história vindo a público.

– Você conhece a nossa discrição.

– É com isso que contamos até hoje.

O mentor espiritual de Eduardo veio se juntar a nosso grupo. Inácio o recebeu com amabilidade.

– Bom dia!

– Bom dia, meu amigo, seja bem-vindo a nossa casa de trabalho.

– Acompanho Eduardo durante esta encarnação. Acredito que esteja ciente dos últimos acontecimentos – comentou Custódio, esse era o nome do mentor de Eduardo.

– Gabriel e sua família são nossos assistidos. Sabemos do envolvimento de Eduardo nessa história.

– Vim ter com vocês pois, até o momento, não o tinha visto fragilizado como agora. Mostra até mesmo sinais de depressão devido à descoberta de sua responsabilidade frente à situação dolorosa que vivem os envolvidos. A doença de seu filho, Júnior, tocou-o de maneira profunda. E agora o rapto de Alice, a filha... Embora a menina não saiba, ele acompanha seu desenvolvimento desde o dia do nascimento.

— Você acredita que Eduardo vivencia um momento de transformação moral?

— Apesar das atitudes desequilibradas, Eduardo possui um lado bondoso. Compadece-se dos idosos e auxilia na manutenção de alguns asilos, inclusive doando tempo em benefício dos mais necessitados.

— Que personalidade conflituosa! — ponderou Inácio.

— De fato. Nesses momentos de boa vontade e fraternidade, consigo me aproximar e intuí-lo a questionar a própria maneira de viver. Em algumas ocasiões, durante o desdobramento pelo sono, temos conversado longamente sobre seus comprometimentos morais passados e atuais; durante alguns dias, ele se mostra mais introspectivo e comedido nos desatinos, mas ainda longe da reflexão necessária à mudança de atitude.

— A doença de Júnior e a violência sofrida por Alice sensibilizaram-no a ponto de tornar produtiva uma interferência de nosso plano?

— Acredito que sim, por esse motivo vim até vocês em busca de auxílio.

— Está bem. Conversarei com meus companheiros para que possamos interceder em favor de Eduardo. Uma pergunta: a esposa dele, onde está?

— Adoeceu gravemente há alguns anos, apresentando desequilíbrios mentais graves, e acabou por praticar o autocídio. Quem cuidou e criou o filho foi Eduardo. E fez um bom trabalho. O menino não sabe das atividades do pai e tem se mostrado exemplar com suas responsabilidades. Sonha em fazer medicina e trabalhar junto à população carente do Brasil. Tem belíssimo planejamento encarnatório.

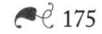

— E a doença que desenvolve neste momento?

— Será superada com o auxílio da irmã, Alice; porém, o comportamento desequilibrado de Eduardo tem sido um constante perigo para o filho, pois, na balança entre o bem e o mal, Júnior se prontificou a ter essa encarnação abreviada em benefício do pai.

— Então, se conseguirmos auxiliar Eduardo a acordar sua consciência para as verdades da vida, também estaremos auxiliando Júnior.

— Isso mesmo. E será ainda um grande bem para a humanidade, pois o espírito Eduardo Júnior já tem admirável avanço na moralidade e poderá fazer enorme bem ao mundo.

— Conte com nosso esforço em benefício de seus tutelados.

Custódio, agradecido, abraçou Inácio e voltou para perto de Eduardo. Este havia voltado ao hospital para estar junto do filho adoentado.

Júnior estava em uma pequena sala de isolamento, construída em vidro transparente. Eduardo o observava com carinho. "Há tanto tempo não rezo; nem me lembro mais das orações aprendidas na época do catecismo. Será que Deus me ouvirá se eu pedir por meu filho? O que fiz de minha vida? Nem mesmo orar pelo meu filho eu sei", refletiu.

Custódio se aproximou de Eduardo e, amoroso, envolveu-o em salutares energias. No mesmo instante, Inácio e uma equipe de socorristas juntaram-se a ele. Eduardo sentiu intensa fraqueza. Ajoelhou no chão frio, lágrimas abundantes escorrendo-lhe pelo rosto. Emocionado, elevou o pensamento a Deus e orou como nunca conseguira fazer nesta encarnação:

— Deus, meu Deus! Quem sou eu para chegar a Ti e pedir? Não tenho nem o que oferecer em troca desse milagre, mas salve meus filhos! Eu Lhe entrego minha vida; tire a minha vida, mas poupe a de meus filhos. Salve Alice, e permita que ela salve o meu pequeno e tão frágil Eduardo. Leve-me embora, trancafie-me no inferno mais profundo, não me importarei de sofrer por toda a eternidade, mas salve meus filhos! Oh, meu Deus! O que estou fazendo? Aqui implorando pela vida de meus filhos e acabei de mandar matar uma pessoa. Serei castigado por meu pecado? Meus filhos pagarão pelo meu erro?

Um médico o viu ali ajoelhado e, compadecido, aproximou-se de Eduardo a tempo de socorrê-lo. Vencido pela forte emoção e auxiliado por nós, o pai aflito perdeu a consciência e resvalou ao chão.

Embargados pelo que havíamos presenciado, auxiliamos Eduardo a se desligar parcialmente do corpo denso e o encaminhamos à clínica psiquiátrica no plano invisível. Permitimos a ele alguns momentos de descanso, e o auxiliamos a acordar com carinho:

– Eduardo, acorde – Inácio o chamou com mansidão.

O rapaz abriu os olhos lentamente, como se estivesse com receio do que veria. Ainda perturbado pelo intenso momento emotivo que vivenciara há pouco, fitou-nos com indecisão.

– Você está no plano dos espíritos, parcialmente desligado do corpo material. Esse socorro está sendo feito a pedido de querido amigo de seu convívio – explicou Inácio.

– Custódio? – indagou Eduardo.

– Isso mesmo, meu amigo.

– Por que não consigo gravar de maneira intensa em minha mente o que vivo por aqui quando Custódio me alerta e aconselha? Quando acordo, sinto-me mais tranquilo, mas, daí a pouco, tudo se esvai e volto a cometer os mesmos erros. Serei assim tão fraco?

– No desdobramento pelo sono, por um momento libertos do corpo denso, conseguimos perceber de maneira mais lúcida a qualidade de nossos atos e padrões comportamentais. Contamos, ainda, com adoráveis amigos que nos amam incondicionalmente, que nos auxiliam a avaliar o que ainda temos em desarmonia na mente e que se manifesta em nosso comportamento desequilibrado – explicou Inácio. – Ao voltarmos à matéria, o véu da densidade corporal nos limita as lembranças de maneira mais intensa, porém as sensações e intuições do que é certo ou não permanecem na mente. Somos os responsáveis por intensificar ou afastar os alertas da consciência e buscar nas inverdades articuladas por uma mente capciosa justificativas para a permanência na ignorância da moralidade.

– Você está me dizendo que sei que estou errando? – inquiriu Eduardo, demonstrando certa admiração.

– Quando persiste no erro, qual é a sensação que o irmão tem? – quis saber Inácio.

– De tristeza e vergonha – replicou Eduardo.

– E de onde vêm esses sentimentos senão do conhecimento da prática do erro? – voltou a questionar Inácio.

Eduardo silenciou, cabisbaixo. Inácio lhe permitiu um momento de reflexão e tornou a indagar:

– A maneira como vem conduzindo sua vida o tem feito feliz, dando-lhe sensação de liberdade?

– Não. Se recordar meu passado, nunca consegui viver um momento que possa definir como de felicidade plena. Os problemas são constantes e graves – constatou o outro.

– Em cada experiência na matéria, planejamos o que iremos vivenciar, e, com certeza, cada escolha vincula-se a uma recuperação de algo mal resolvido no passado; outras tantas são novas e benéficas experiências que nos auxiliam na evolução educativa do espírito – esclareceu Inácio. – Então, os problemas existirão e serão superados, pois temos capacidade para isso, afinal planejamos e nos preparamos. E, quando me refiro a ser feliz, falo daquele sentimento de plenitude ao sabermos que superamos as dificuldades e limitações morais.

– Não, nunca tive esse sentimento. A sensação que é constante em minha vida é a de que preciso sempre estar alerta, sem descanso, pois, se relaxar, alguém poderá me trair e serei punido de maneira violenta. Nem mesmo quando durmo consigo ter paz. Meu sono é agitado; acordo várias vezes com a sensação de estar em perigo e, quando consigo dormir, tenho terríveis pesadelos que me assombram durante quase todo o dia – desabafou Eduardo.

– Querido amigo, quando adormecemos, apenas o corpo material descansa. O espírito, acordado para a vida maior, vai desfrutar, no mundo dos espíritos, o ambiente mental de sua afinidade. Se conseguirmos manter o padrão mental elevado em bons pensamentos e sentimentos benéficos, com certeza teremos a felicidade de partilhar, com amorosos amigos, instantes incríveis de felicidade; porém, se a mente eleger os mais desequilibrados sentimentos, caminharemos com espíritos afins – elucidou Inácio.

– Está me dizendo que há espíritos ruins a meu lado, e são eles que me esperam nesse desdobramento? – indagou Eduardo admirado.

– Há um ditado popular que diz: "Diga-me com quem andas, que te direi quem tu és" – expressou Inácio.

– E como posso saber quando esses espíritos maldosos se aproximam?

– Querido amigo, prefiro me referir a esses irmãos ainda em desequilíbrio, assim como nós mesmos, como ignorantes do bem. Acredito, sem sombra de dúvida, que agimos desvairadamente apenas enquanto não descobrimos como fazer melhor. E para saber com acerto qual é a sua sintonia mental, basta avaliar seus pensamentos e atos. Se estiverem de acordo com as leis de Deus, sossegue e prossiga em saudável caminhada – explicou Inácio com paciência e carinho.

— Mas como posso reconhecer esses momentos? – insistiu Eduardo.

— Os espíritos obsessores não criam nossas viciações e desequilíbrios mentais e emocionais; apenas intensificam o que já existe dentro de nós. Pense a respeito e me diga o que faz de errado e que pode ser usado por seus companheiros espirituais – aconselhou Inácio.

— Escolhi uma maneira duvidosa de enriquecer, e isso aconteceu porque tenho predisposição à ambição desmedida. Não percebi a gravidade de meus atos para alcançar os objetivos.

— Muito bem! Vivemos em um mundo baseado na lei de ação e reação, ou causa e efeito. Tente explicar a si mesmo essa lei, considerando a maneira que elegeu para padrão comportamental.

— Vivo consequências de meus atos pessoais. Todo sofrimento de hoje vem de meu desequilíbrio. Minha avó sempre dizia que os inocentes pagam pelos pecadores – lembrou Eduardo, bastante ressentido consigo.

— Isso não seria justo, considerando que Deus é um Pai de amor e perdão, que nos proporciona maneiras ilimitadas de resgatarmos nossas falhas – propôs Inácio.

— Mas... por que somente com a doença de meu filho e o perigo que Alice está vivenciando é que passei a questionar minha forma de vida? Não lhe parece pertinente a ideia de estarem pagando por meus erros?

— Nesse maravilhoso mundo de meu Deus, nada é perdido – falou Inácio. – Mas tudo é aproveitado para que nós, seus filhos amados, possamos evoluir. Infelizmente, ainda necessitamos do sofrimento para reflexionarmos sobre a origem do mal que nos aflige. Então, tanto Alice quanto Eduardo Júnior vivenciam experiências que lhes são necessárias, para que se fortaleçam e passem a confiar em si próprios. E Deus, em sua bondade infinita, permite-lhe, caro amigo, refletir sobre suas viciações e necessidades de aprendizado neste momento de provação.

– Mas eles são apenas crianças, e boas crianças – argumentou Eduardo.

– Jovens nesta encarnação, mas já conseguem distinguir a diferença entre o bem e o mal. E não podemos nos esquecer das encarnações pretéritas, momento que também vivenciaram alguns desatinos, que, por certo, nesta oportunidade encarnatória, prepararam-se para expiar – esclareceu meu amigo.

– Tudo o que me diz até faz sentido, mas para mim ainda é muito confuso.

– Não se preocupe. Terá o tempo que precisar para assimilar essas novas, mas também tão antigas ideias. Apenas leve consigo a certeza da necessidade de refazer seu caminho, desta vez com mais coerência com sua origem divina. Agora descanse um pouco, para em breve retornar ao corpo material. Deus o abençoe e o fortaleça nessa nova empreitada – desejou-lhe Inácio.

Eduardo sentiu forte sonolência. Cerrou os olhos e agradável bem-estar o serenou. Feliz, voltou a abrir os olhos e se viu na sala de emergência do hospital onde o filho estava internado. Mais sereno e confiante, olhou para o médico e disse com alegria:

– Não se preocupe, tenho certeza de que tudo dará certo.

19

Reaparecidos

889. Não há homens reduzidos à mendicidade por sua própria culpa?

Sem dúvida. Mas, se uma boa educação moral lhes tivesse ensinado a lei de Deus, não teriam caído nos excessos que os levaram à perda. E é disso, sobretudo, que depende o melhoramento do vosso globo.

(O Livro dos Espíritos – Livro III – As Leis Morais – Capítulo XI – Lei de Justiça, Amor e Caridade – Item III – Caridade e Amor ao Próximo)

Flor e Toni se dirigiram à casa espírita Caminheiros de Jesus. Foram recepcionados por Argemiro, antigo trabalhador de nossa amorável Doutrina Espírita, que, de imediato, encaminhou-os à sala de atendimento fraterno em que a médium Sandra estava trabalhando.

– Boa noite, meus amigos. Por favor, entrem e sentem-se – convidou Sandra.

Flor, fragilizada pelos acontecimentos traumáticos dos últimos dias, prorrompeu em sentido pranto consolador. Sandra, amorosa e atenciosa, segurou suas mãos, mentalizando pedido de auxílio para que a mãezinha sofrida fosse fortalecida por energias salutares.

Assim que Flor conseguiu controlar as emoções, os amigos passaram a conversar:

– Como soube do que vem acontecendo a Flor? – Toni perguntou a Sandra.

– O amigo de Alice e Tiago nos ligou. Ele estava no acampamento também. Imediatamente, mobilizamo-nos em corrente fluídica oferecendo e doando o melhor de nossos sentimentos.

– Ontem mesmo, tentamos falar com você, mas não conseguimos. Os telefones chamados estavam sempre ocupados e precisávamos correr atrás de uma solução – replicou Toni.

– E vocês conseguiram alguma coisa de positivo? – inquiriu a trabalhadora da casa espírita.

– Fomos visitar Eduardo, o pai biológico de Alice, e ele nos garantiu que no mais tardar até amanhã cedo Alice e Tiago estarão em casa – esclareceu Toni.

– Sandra, gostaria de lhe contar minha história desta encarnação. Nós temos tempo? – questionou Flor.

– Temos sim, Flor. Não se apresse. No atendimento fraterno, quem determina o tempo é a necessidade do atendido.

– Tenho receio de estar ocupando o tempo de alguém que precisa deste espaço mais do que eu – explicou Flor.

– Não se preocupe – tornou a outra. – Estamos em três atendentes e tudo é encaminhado segundo suas necessidades. Cada um dos que vieram em busca de auxílio serão atendidos.

Flor, mais segura e tranquila, narrou sua história a Sandra, que a ouvia com atenção e carinho. Ao final do relato, bastante emocionada, Flor chorava convulsivamente.

— Não me importo de enfrentar dificuldades, de lutar pelo meu sustento e pelo de Alice, de sofrer humilhações, contanto que minha filha esteja bem e em segurança; porém, toda essa história recente tem me desequilibrado. Percebo ter exposto minha filha à convivência de pessoas de má índole moral – desabafou aos prantos.

— Agora, você precisa se acalmar! Dessa maneira não conseguiremos encontrar respostas às indagações. O desequilíbrio nos rouba o raciocínio e a sensatez, e nos arremessa a tristes panoramas mentais, que somente dificultam nosso caminhar. Diante das circunstâncias que vivenciou até o momento, você fez as melhores escolhas com as melhores intenções. Não temos o poder de dominar tudo ao mesmo tempo. Como poderia imaginar que Gabriel assumiria essa postura? Como poderia saber sobre a sua ignorância moral? – perguntou-lhe Sandra.

— Mesmo assim, sinto-me culpada por não ter falado a verdade para Alice. Se ela soubesse de sua origem, o encadeamento dos últimos acontecimentos seria diferente, mais coerente e menos traumático – expressou Flor.

— Não adianta conjecturar sobre o que poderia ter sido feito de diferente. Diante das circunstâncias que vivenciou no passado, você tomou as decisões que lhe pareceram mais acertadas. O passado se foi, e não poderá ser modificado; mas o presente está aí para ser vivido da melhor maneira que pudermos e conseguirmos. E, com certeza, no futuro, quando avaliarmos os atuais acontecimentos, teremos respostas mais coerentes, que se originam na vivência desses momentos – elucidou a trabalhadora do centro espírita.

— Você tem razão, Sandra. Preciso controlar minhas emoções, fazer boas escolhas por meio de saudáveis reflexões, e, para isso, necessito estar bem. Temos um longo caminho pela frente.

— E não se esqueça de permitir a Alice um tempo de adaptação a essa nova realidade. Por mais compreensiva e cordata que seja, seu mundo pessoal será transformado de maneira abrupta, exigindo dela uma decisão muito grave. Você, Flor, já conhece essa história há dezessete anos, mas ela terá de entender que a história que viveu até hoje não é verdadeira, e deverá aceitar outra versão, não tão romântica como a que lhe foi apresentada. Dê-lhe um tempo.

Enquanto o atendimento fraterno se desenrolava e permitia a Flor instantes preciosos de introspecção, auxiliando-a a retomar o controle das emoções, Cristiano, o homem apelidado de Delegado e mais três sujeitos mal-encarados chegavam a um pequeno sítio situado na periferia da cidade.

Cristiano e Delegado permaneceram no veículo, enquanto os outros, silenciosos, deixaram o carro na estrada de terra e entraram na propriedade, tendo o cuidado de não chamar a atenção de Armando, que se encontrava deitado em uma rede presa a duas árvores diante da pequena e tosca casinha.

Os homens fortemente armados logo renderam o infeliz meliante. Então Delegado saiu do carro e se dirigiu ao local onde o grupo se encontrava.

— Fique quieto aí! Onde estão os meninos? — perguntou o Delegado.

— Espera aí! Só estou cumprindo ordens — respondeu Armando.

— Isso veremos depois. Cadê os garotos? — voltou a perguntar o Delegado.

— *Tão* lá dentro.

A um sinal do chefe do grupo, os outros arrombaram a porta e logo avistaram Alice e Tiago, que os olhavam assustados. Delegado entrou na pequena sala e avisou:

– Não precisam ficar com medo da gente. Viemos soltá-los.

Dizendo isso, voltou à varanda, pegou a chave do cadeado no bolso da calça de Armando e retornou à sala, libertando-os.

– Tem um carro aí na frente. O homem *tá* encapuzado, mas não se assustem, é dos nossos. Vão e logo estarão em casa.

Alice e Tiago correram em direção ao carro. Cristiano, o braço direito de Eduardo, com o rosto coberto para não ser reconhecido, fez um sinal para que os dois entrassem atrás e partiu em alta velocidade.

Logo após a saída do carro, escutamos uma saraivada de tiros. Entristecidos, percebemos que Eduardo havia se comprometido gravemente, mais uma vez.

Uma equipe de trabalhadores do plano espiritual tentou o primeiro socorro em benefício de Armando, porém, com a mente envolta em trevas, este rejeitou o auxílio e logo se juntou a um bando de malévolos espíritos que tinham como objetivo atormentar Eduardo e Gabriel.

Cristiano advertiu Tiago e Alice de que não falassem sobre o rapto com ninguém, que apenas os deixava ali por segurança. Eles deveriam telefonar para os pais virem buscá-los. Então os deixou em frente ao posto de saúde. Ainda trêmulos e em pânico, sentaram-se em um banco de pedra. Abraçados, ficaram ali de olhos fechados. Um policial que os observava percebeu que, apesar de estarem desarrumados e sujos, não pareciam ser desocupados, e, estranhando a atitude dos dois, acabou se aproximando.

– Boa noite. Está tudo bem com vocês?

Alice e Tiago pularam assustados e arregalaram os olhos. O policial os amparou:
— Calma! O que está acontecendo para estarem tão assustados?
— Fomos raptados e, agora, deixaram-nos aqui — contou Tiago em um impulso.

De pronto, o policial lhes pediu que se identificassem e os levou à delegacia mais próxima. Alice, apavorada, durante o caminho lembrou a Tiago a advertência sobre não falar sobre o rapto e argumentou que seria melhor não dizerem nada. Os raptores já os haviam levado uma vez, portanto sabiam onde estudavam e onde moravam. Tiago, consternado diante da lembrança da ameaça velada, percebeu que precisava consertar as coisas.

Ao chegarem à delegacia, de comum acordo, recusaram-se a dar depoimento, dizendo que falariam apenas na presença dos pais.

Quando Flor foi contatada, ainda estava na sala de atendimento. Mal cabendo em si de felicidade, despediu-se de Sandra e, com Toni, encaminhou-se ao endereço que lhes fora comunicado.

Gabriel andava de um lado a outro do escritório. Estava sozinho em casa. Dora estava internada devido a problemas emocionais e psiquiátricos, e os empregados tinham recebido folga. Ele tentava falar com Armando, mas o celular estava desligado. Percebeu a gravidade de seu ato: havia exposto o próprio filho a grave risco de sofrer violência, mas, ao mesmo tempo que a consciência o cobrava, justificava dizendo a si mesmo que o problema era a amizade de Tiago e Alice; não fosse isso, Armando capturaria apenas a menina.

Enfim, seu telefone tocou. Ansioso, ele atendeu.

– Senhor Gabriel Louveiras? – indagou uma senhora do outro lado da linha. – Aqui é de um posto policial. Meu nome é Antônia. Seu filho está aqui conosco, está bem. O delegado, dr. Álvaro, pediu que viesse para cá – explicou a senhora.

– Meu filho está aí? – inquiriu Gabriel, antevendo que teria problemas.

– Está sim; já sabemos que ele e Alice foram raptados do acampamento onde estavam, mas estão bem. O senhor poderia vir até aqui o mais breve possível?

– Estou a caminho. Em aproximadamente meia hora estarei aí.

Assim que desligou o telefone, precisou sentar-se em uma poltrona. O corpo todo tremia e ele suava frio. Forte dor no peito o desorientou por instantes, mas Gabriel reagiu. O medo de ser descoberto o fortaleceu naquele momento.

Pegou as chaves do carro e dirigiu-se ao endereço que lhe foi informado. A mente em turbilhão tentava entender, ou mesmo descobrir, como os dois jovens haviam fugido do cativeiro. Procurava uma explicação para o seu envolvimento no sequestro, porém, quanto mais pensava, mais confuso ficava.

Pentesileia e suas comparsas exultavam, penetrando com facilidade o campo vibratório de Gabriel.

A amazona se aproximou, e falava de maneira convincente e envolvente:

– Você não terá escapatória. Todos saberão que você está envolvido com o mundo do crime. Saberão que você colocou em risco o próprio filho. Eduardo, quando tiver certeza de que você foi o mandante do sequestro, o fará pagar da maneira mais dolorosa. Será torturado e jogado aos leões, como ele já fez. Terá sua carne dilacerada e sentirá cada violento golpe das patas e da mandíbula das feras. Sabe o que vai passar. Só lhe resta uma solução: a morte. Fugirá das consequências e todos sentirão pena de você, e não mais vão julgá-lo. Você se livrará da cadeia. E seu filho, compadecido de suas fraquezas, vai perdoá-lo e esquecer o mal que lhe causou.

A amazona, experiente hipnotizadora, conseguia cada vez mais aproximar-se de Gabriel, que acolhia cada ideia que lhe era sugerida como se fosse sua. A mente acatava cada uma e a repetia com precisão, palavra por palavra. O processo simbiótico acontecia com facilidade, resultado da afinidade moral entre os envolvidos nesta triste história.

Gabriel, em total desequilíbrio, perdeu o controle do veículo em alta velocidade e foi de encontro ao tronco de uma árvore. O estrondo originado do choque ecoou na noite escura. Gabriel, desacordado, tombou inerte sobre a direção do carro, enquanto o som estridente da buzina varria a escuridão como um grito de desespero.

Inácio e alguns socorristas que o acompanhavam nesse processo doloroso, e persistiam no intento de auxiliá-lo a despertar do transe hipnótico, observavam, consternados, o triste espetáculo de dor.

Pentesileia os encarou com altivez, acenou com a cabeça e foi embora, envolvida por densa e fétida energia, que mais nos pareceu milhares de vermes microscópicos que aderiam a seu estreito campo vibratório.

Inácio e seus companheiros de lides socorristas passaram a auxiliar Gabriel a se desprender do corpo material. Ele estava muito ferido. Seu estado era grave; precisava de socorro imediato.

– Salvador, por favor, há um senhor vindo de bicicleta. Intua-o a pegar esse caminho e socorrer Gabriel – Inácio orientou o trabalhador da equipe.

Logo o senhor mencionado se aproximou. Sua atenção foi despertada pelo som constante da buzina, e notou o carro de encontro à árvore. Imediatamente, tomou o celular e pediu auxílio.

Inácio auxiliou Gabriel em um abençoado processo de desdobramento e o encaminhou ao plano dos espíritos.

Eu, Ineque, Maurício, Mauro e Ana, nesses momentos traumáticos recolhidos em oração à entrada da cidadela das Amazonas da Noite, acompanhamos mentalmente a movimentação que acontecia.

Flor chegou ao posto policial e logo se reuniu a Tiago e Alice. A emoção do reencontro nos sensibilizou sobremaneira.

O delegado Álvaro, responsável pelo plantão daquele dia, solicitou a Flor e Toni que acompanhassem Alice e Tiago a sua sala, e falou demonstrando certa preocupação:

– Precisamos documentar legalmente o acontecido; sabemos que os meninos foram raptados, mas eles se recusam a falar sobre o assunto. Toda a história está muito confusa.

Flor olhou para os dois jovens e tentou entender o que se passava na mente deles.

– Flor, meu pai foi avisado de que estou aqui? – indagou Tiago.

– Não sei, meu filho. Eu e Toni estávamos na casa espírita Caminheiros de Jesus quando fomos contatados pela delegacia.

– O sr. Gabriel foi informado de que estavam aqui e orientado sobre a melhor maneira de chegar a esse posto policial. Deve estar chegando – esclareceu o delegado Álvaro.

Flor demonstrou certo desconforto com a informação sobre a eminente chegada de Gabriel. Toni, percebendo sua reação, segurou-lhe a mão entre as suas e a apertou com carinho, demonstrando que estaria ali com ela, para auxiliá-la a superar o momento de desequilíbrio.

O delegado, sagaz, percebeu os sinais de insegurança de Flor.
— Também frequento essa casa espírita. Sou trabalhador ativo há mais de cinco anos. Percebo insegurança em conversar sobre o que aconteceu aos meninos, mas é importante que possamos encontrar soluções juntos. Por acaso estão sendo ameaçados?
— Não, não há ameaças. Agradecemos a sua boa vontade e compreensão, e preferimos esperar a chegada de Gabriel — disse Toni com firmeza.
— Está bem. Vou buscar um pouco de café. Vocês aceitam? — E, dirigindo-se a Alice e Tiago, perguntou com afeto: — Estão alimentados? Posso mandar trazer um lanche. Vocês me parecem famintos.
— Gostaria muito de algo para comer; de fato estou faminto — tornou Tiago.

Álvaro saiu da sala e voltou em seguida, trazendo consigo um amigo, que se identificou como médico.
— Boa noite, meu nome é Adalton[4]. Sou médico de plantão do posto médico. Meu amigo Álvaro solicitou que viesse dar uma olhada nos meninos. Parece que andaram vivendo uma grande aventura nesses dias.

Toni olhou para Adalton e perguntou admirado:
— Professor Adalton?
— Isso mesmo — disse o médico, voltando-se para Toni. — Antônio, meu caro aluno, quanto tempo faz que você se formou?
— Dez anos já se passaram, professor.

Animados pelo reencontro, os dois amigos continuaram a troca de informações, enquanto juntos examinavam os jovens.

---

4. Doutor Adalton é personagem do livro *Aldeia da escuridão*. Lúmen Editorial (N. M.).

— Está tudo bem; estão apenas um pouco desidratados. Álvaro, peça a alguém que traga suco de laranja para os meninos. E acredito que está na hora de agradecermos a Deus por vocês terem voltado para suas famílias sãos e salvos – comentou Adalton.

Tirando do bolso um pequeno livro, mostrou-o a todos.

— É *O Evangelho Segundo o Espiritismo*, que sempre trago comigo. Se me permitirem, farei a leitura de um pequeno trecho, agradecendo a Deus a oportunidade de estarmos aqui. Eu e Álvaro estamos terminando o plantão, por esse motivo faremos companhia a vocês enquanto for necessário.

Com a concordância de todos, Adalton passou à leitura de belíssima passagem do evangelho de Jesus:

Os inimigos desencarnados

5. O espírita tem ainda outros motivos de indulgência para com os inimigos. Porque sabe, antes de mais nada, que a maldade não é o estado permanente do homem, mas que decorre de uma imperfeição momentânea, e, que da mesma maneira que a criança se corrige dos seus defeitos, o homem mau reconhecerá um dia os erros e se tornará bom.

Sabe ainda que a morte só pode livrá-lo da presença material do seu inimigo, e que este pode persegui-lo com o seu ódio, mesmo depois de haver deixado a Terra. Assim, a vingança assassina não atinge o seu objetivo, mas, pelo contrário, tem por efeito produzir maior irritação, que pode prosseguir de uma existência para outra. Cabe ao Espiritismo provar, pela experiência e pela lei que rege as relações do mundo invisível, que a expressão: extinguir o ódio com o sangue é radicalmente falsa, e o que é verdadeiro é que o sangue conserva o ódio além-túmulo. Ele dá, por conseguinte, uma razão de ser efetiva e uma utilidade prática ao perdão, bem como à máxima de Cristo: Amai aos vossos inimigos. Não há coração tão perverso que não se deixe tocar pelas boas ações, mesmo a contragosto. O bom procedimento não dá, pelo menos, nenhum pretexto a represálias, e com ele se pode fazer, de um inimigo, um amigo antes e depois da morte. Com o mau procedimento ele se irrita, então serve de instrumento à justiça de Deus, para punir aquele que não perdoou. [...]

(O Evangelho Segundo o Espiritismo – Capítulo XII – Amai os Vossos Inimigos)

20

Transplante de medula – uma possibilidade de cura

890. O amor maternal é uma virtude ou um sentimento instintivo, comum aos homens e aos animais?

É uma coisa e outra. A Natureza deu à mãe o amor pelos filhos, no interesse de sua conservação; mas no animal esse amor é limitado às necessidades materiais: cessa quando os cuidados se tornam inúteis. No homem ele persiste por toda a vida e comporta um devotamento e uma abnegação que constituem virtudes; sobrevive mesmo à própria morte, acompanhando o filho além da tumba. Vedes que há nele alguma coisa mais do que no animal.

(O Livro dos Espíritos – Livro III – As Leis Morais – Capítulo XI – Lei de Justiça, Amor e Caridade – Item IV – Amor Maternal e Filial)

Gabriel foi socorrido e atendido pela emergência do mesmo hospital onde fora internado, quando apresentou problemas cardíacos.

O delegado Álvaro foi informado por um policial do acidente sofrido por Gabriel. Consternado, entrou na sala e fez um sinal discreto com a cabeça em direção a Toni e Adalton. Os dois saíram da sala e se juntaram ao delegado.

— As notícias não são boas. O pai de Tiago estava a caminho daqui, quando sofreu um grave acidente. Já foi encaminhado ao hospital, e seu estado é bastante grave — contou Álvaro.

Toni passou as mãos pela cabeça.

— Mais essa! O menino ainda nem se refez do susto que passou e, agora, terá de enfrentar esse problema. E a mãe dele, Dora, está internada em um hospital psiquiátrico.

— Precisamos auxiliá-lo neste momento. Não os conheço, mas me pareceu que Tiago é muito apegado a Flor e a Alice — constatou Adalton.

— Foi Flor quem o criou. Ela trabalha na casa dele desde o seu nascimento, e Alice é sua namorada há algum tempo — esclareceu Toni.

— Seria mais prudente falarmos primeiro com Flor. Com certeza ela saberá como dar a notícia ao menino. Com a gravidade dos últimos acontecimentos, postergarei o relatório sobre o que aconteceu a Alice e Tiago, porém não poderei dá-lo por esquecido. Tenho obrigações legais a serem cumpridas — opinou Álvaro, compadecido pelo que acontecia.

Flor, chamada para fora da sala e colocada a par dos últimos acontecimentos, aceitou a incumbência de falar com Tiago.

— Contarei a ele — exclamou com segurança.

Flor voltou à sala e logo os três amigos saíram. Tiago apoiava-se em Flor e Alice, demonstrando intensa emoção, traduzida por lágrimas que escorriam, abundantes, pela face contrita. Alice segurava com ternura a mão do namorado.

O grupo de amigos acomodado em dois veículos se dirigiu ao hospital onde Gabriel recebia atendimento médico. Enquanto o corpo machucado recebia tratamento pela medicina terrena, o espírito recebia atendimento em nossa casa de socorro no plano dos espíritos, gozando por alguns abençoados momentos do sono reparador.

∽≷∾

Acomodados na entrada da cidadela, aguardávamos a volta de Pentesileia e suas companheiras. Tão logo a avistamos, percebemos, esperançosos, que a amazona não demonstrava satisfação com os últimos acontecimentos. Seu passo demonstrava cansaço e desânimo, o rosto, antes esculpido em expressão sarcástica, pareceu-nos triste e abatido.

A amazona passou por nós sem ao menos nos olhar e apenas disse com firmeza:

– Agora não. Não quero conversa.

Ana se adiantou e com humildade pediu:

– Posso lhe fazer companhia, minha irmã?

Sem olhar para a amável Ana, a amazona respondeu com voz desinteressada:

– Você é quem sabe!

Ana nos olhou com carinho e disse amorosa:

– Vou em busca de minha paz!

Acompanhei-as com o olhar e pedi aos companheiros amorosos que elevássemos o pensamento ao Pai, em benefício desse momento de reequilíbrio emocional para aquelas irmãs, acorrentadas a um passado doloroso, e para que Ana recebesse o auxílio que se fizesse necessário para o sucesso de sua empreitada de amor.

Resolvemos que Ineque e Mauro permaneceriam à entrada da cidadela, procedendo à reciclagem energética do ambiente, apoiados por um número considerável de trabalhadores espirituais. Após o que, voltariam à superfície do planeta e assumiriam outras tarefas relacionadas ao socorro que ora empreendíamos.

Eu e Maurício voltaríamos à superfície com a intenção de auxiliar Inácio, que se via assoberbado por inúmeros afazeres, decorrentes dos últimos acontecimentos.

Ao entrarmos nas instalações hospitalares onde Gabriel estava sendo atendido, logo localizamos os amigos encarnados, acomodados em reservada sala de espera.

Tiago, sentado em uma poltrona, mantinha a cabeça abaixada. Alice se aproximou dele e segurou suas mãos.

– Querida, estou com um terrível pressentimento – confessou o rapaz, agoniado

– Sobre o que, Tiago? A saúde de seu pai? – indagou Alice.

– Não... Não sei bem por que, mas tenho esperança de que ele sobreviverá; mas há algo terrível em tudo que está acontecendo – disse novamente o rapaz.

– Como assim? Você está falando do sequestro?

– Isso mesmo. Você se lembra do que aquele sujeito, o mais alto, falou quando nos deixaram naquela casa? – indagou Tiago.

– Estava tão nervosa, que não me lembro de nada – replicou a namorada.

– Ele deu bronca nos dois, perguntando por que eu estava lá – recordou Tiago.

– Você acha que o interesse deles era em mim? Mas... minha mãe não é rica; o seu pai é que é rico. O mais lógico seria você ser o sequestrado, não eu – ponderou Alice.

– Tem razão, mas isso não me sai da cabeça. Deixa para lá; devo ter entendido errado. Afinal, também estava muito nervoso e amedrontado – respondeu Tiago.

Flor acompanhava a conversa dos jovens e, entristecida, percebeu que precisava tomar uma decisão imediata. O tempo passava, e pensava no jovem irmão de sua filha, que necessitava de auxílio. Flor fitou Toni e lhe sorriu, demonstrando calma.

– Vou levar Alice ao jardim do hospital e contar tudo a ela. O tempo está passando e eu fico enrolando para não esclarecer tudo que vem acontecendo.

– Quer que eu vá com você? – perguntou Toni.

– Não precisa. Fique com Tiago. Ele está precisando de um amigo a seu lado – pediu Flor.

Flor e Alice se dirigiram ao jardim do hospital, que, àquela hora da noite, estava deserto. Mãe e filha se sentaram em um banco embaixo de frondosa árvore.

– O que está acontecendo? Tem alguma coisa de errado, não é? – indagou Alice.

– Tem sim, minha filha. Preciso contar algo bastante grave a você. Só quero que saiba que tudo que fiz até o momento foi com a intenção de poupá-la de desgostos.

– O que é, mãe? Você está me deixando preocupada.

Flor começou a contar a sua história a Alice, desde o início, da maneira como fora concebida, sua fuga, o emprego na casa de Dora e Gabriel, os negócios escusos do pai biológico.

– Meu pai a estuprou? Ele é traficante? – inquiriu Alice, o horror expresso em sua voz.

– Por favor, Alice, perdoe-me e entenda o que fiz – disse Flor com lágrimas nos olhos.

– Não tenho o que perdoar; teria feito o mesmo. Por que, então, está me contando tudo isso?

– Gabriel, o pai de Tiago, é advogado de Eduardo. Com a morte de Sabrina por overdose, ele desenvolveu doentio estado obsessivo, culpando Eduardo pelo fato. Seu pai, na época em que você foi concebida, já era casado, e a esposa estava grávida. Nasceu um menino. Não o conheço, mas dizem que é excelente pessoa. Está doente; tem leucemia e precisa de transplante de medula óssea, mas ninguém na família é compatível. Você é sua última esperança, embora ele também não saiba de sua existência. Eduardo pediu a Gabriel que falasse comigo sobre o assunto.

— Nossa, que confusão! E como Gabriel foi trabalhar para ele? — quis saber Alice.

— Ele já trabalhava para Eduardo quando fui contratada. Isso foi feito a pedido de Eduardo. O segredo acabou valendo uma fortuna para Gabriel. Acabei de saber tudo isso agora; não tinha noção do envolvimento de Gabriel com Eduardo, mas agora sei que ele viu nessa história uma maneira fácil de enriquecer. Mas, com a morte de Sabrina, ficou muito perturbado e ansioso por se vingar de Eduardo, a quem considera responsável pelo fim trágico da filha. E, com essa história de Eduardo Júnior, ele acabou por enxergar uma oportunidade de vingar a morte da filha. Mandou que a raptassem, mas Tiago estava junto e acabou envolvido.

— Gabriel nos sequestrou? Mas... não entendo... Por quê?

— Eduardo Júnior está em estado crítico. Se dentro de horas não receber o transplante de medula óssea, não haverá mais nada a fazer. Gabriel, então, a sequestrou para evitar que se descubra se você é ou não compatível com Júnior; mandou raptá-la para evitar o tratamento que salvaria o menino — explicou Flor.

— Mas isso é loucura! O que ele ganha com isso? — argumentou Alice.

— Ele quer se vingar pela morte de Sabrina. Como não consegue ver a própria responsabilidade no assunto, tenta culpar alguém por essa tragédia.

– Mãe, Tiago vai sofrer muito com essa história.
– Eu sei, minha filha. E não há nada que possamos fazer para evitar a verdade. Acabei de descobrir isso, de maneira bem sofrida. Acabei expondo-a a um sofrimento que seria evitado se tivesse falado a verdade.
– Eu saberia que tenho um irmão e também de sua necessidade de ajuda; o sequestro teria sido evitado e tantos outros sofrimentos. Mas entendo o que você fez... Naquele momento, você não viu alternativa, não é? Só peço que me dê um tempo para me acostumar a essa nova realidade. Mas amo você e sei de seu valor moral – disse Alice, abraçando a mãe com afeto.
– Obrigada, minha filha – tornou Flor, enternecida pelo carinho e pela compreensão da menina.
– Onde está internado o meu irmão?
– Aqui mesmo, neste hospital.
– Gostaria de conhecê-lo e ajudá-lo. Se for compatível, serei doadora – decidiu-se a moça.
Flor abraçou a filha e, emocionada, concluiu:
– Tinha certeza de que seria essa a sua decisão.
– E meu pai... ele nunca se interessou por mim? Só agora que o filho precisa de minha ajuda ele se lembrou de minha existência? – indagou, magoada.
– Ele nos disse que sempre soube notícias suas, apenas sentia vergonha do comportamento que teve. Falou que se orgulha da mulher em que está se transformando. – E, tirando um papel da bolsa, Flor o estendeu a Alice. – No dia em que estivemos com ele, entregou-me isso. É o comprovante de uma conta poupança em seu nome. Ela existe desde o mês em que nasceu.
– Não quero esse dinheiro – expressou Alice, olhando o papel.
– Se ele vem da desgraça de outras pessoas, não o quero. Você

me ensinou a ser responsável pelas minhas ações. Se aceitar esse dinheiro, estarei sendo conivente com o que ele faz. Não quero.
– Essa é uma decisão sua, não posso interferir. Quando sentir que tem equilíbrio para conversar com Eduardo, você decide o que fazer.
– Se fosse com você, aceitaria? – questionou Alice.
– Você sabe que não, mas esse é um problema que você deverá resolver com Eduardo – acrescentou Flor.
– Mãe, quem foi que nos achou? – inquiriu Alice em tom de voz angustiado.
– Acredito que foi Eduardo. Quando fomos encontrá-lo, ele nos prometeu que, no máximo até hoje cedo, vocês estariam em casa.
– O que ele fará para punir Gabriel? Será que meu pai é desse tipo de criminoso, que tem coragem de matar outro ser?
– Não havia pensado nesse assunto, apenas pensava em vocês dois. Meu Deus! Será que o acidente de Gabriel foi responsabilidade de Eduardo? – perguntou-se Flor.
– Não, não tive nada a ver com o acidente de Gabriel – falou Eduardo, que se aproximava das duas acompanhado por Toni.
– Desculpe Flor. Mas não consegui demovê-lo da ideia de vir ao encontro de vocês.
– Não se preocupe, Toni. Já conversei com Alice. Alice, esse é Eduardo – explicou Flor.
Alice encarou-o com firmeza.
– Prazer, sr. Eduardo. Estive conversando com minha mãe, e decidi ajudar meu irmão. Se for compatível, serei doadora. – Aproximou-se dele e prosseguiu: – Quanto a esse dinheiro, não o quero. Desaprovo a maneira como o ganhou e não serei hipócrita em aceitá-lo. Há uma instituição beneficente na cidade que atende crianças vitimadas, a maioria por violência doméstica por parte de pais que são viciados e traficantes. Doarei esse valor a eles.

Eduardo, cabisbaixo, comentou:
— Sua mãe fez um excelente trabalho na sua criação. A melhor coisa que aconteceu foi eu nunca ter aparecido em sua vida para não influenciá-la. Somente por Júnior tive coragem de pedir sua ajuda, e apenas agora, quando não temos alternativas — confessou Eduardo.

— Não se preocupe com isso. Não precisa justificar essa sua ação. Diante da história de sua vida, me parece que somente sua relação com meu irmão é saudável. E já lhe disse: serei doadora. Quero que libere essa poupança e coloque minha mãe como responsável. Nesse dia terei o maior prazer em me livrar desse dinheiro sujo. Ele vai consertar uma ínfima parte de seus erros — proferiu Alice, já se afastando.

— Alice! — interferiu Flor, penalizada pela expressão de sofrimento no rosto de Eduardo.

A moça se virou e afirmou:
— Estou sendo sincera, e nada do que falei é besteira. E digo mais: nunca é tarde para mudar de vida. Por que não reflete sobre o que anda vivendo e modifica sua vida?

Eduardo apenas a olhou com carinho e balançou a cabeça em sinal afirmativo.

Alice entrou no hospital, seguida de perto por Flor e Toni, e se dirigiu à recepção.

— Com quem posso falar para fazer os testes de doação em nome de Eduardo Louveiras Júnior?

— Um momento, por favor. Vou informar ao médico responsável pelo paciente, e ele vai instruí-la — explicou a recepcionista.

Alice, Flor e Toni foram encaminhados ao consultório do oncologista que atendia Júnior.

— A recepcionista me falou sobre um possível doador no caso de Eduardo — começou o médico.

— Sou eu, meia-irmã dele. Gostaria de fazer os testes de compatibilidade e também de saber como é esse processo. Se for possível, também entender um pouco da doença do meu irmão.

— Eduardo está desenvolvendo essa doença, leucemia neoplásica, desde os treze anos de idade. Já fizemos todos os tratamentos possíveis, quimioterápicos e radioterápicos; então, hoje a única solução é o transplante de medula óssea — esclareceu o médico.

— Ouvi falar do autotransplante, que é mais seguro e menos perigoso, pois a rejeição é quase nula — tornou Alice.

— Já fizemos o autotransplante há dois anos, e Eduardo melhorou por um tempo, mas houve remição no quadro oncológico há seis meses. Desde essa data estamos procurando um doador entre os familiares e o banco de doadores. Infelizmente, não conseguimos ninguém que fosse compatível.

— E ele como está? — indagou Alice.

— Nesses meses em que está na luta pela vida, hoje é o melhor momento para fazermos o transplante. Há dois dias, apesar da gravidade do caso, ele apresentou considerável melhora. Os exames clínicos nos surpreenderam. Então, se aparecer um doador, esse é o momento.

— E como age essa doença no organismo? — inquiriu a moça.

— A leucemia mieloide aguda é um câncer/cancro da linha mieloide dos glóbulos brancos. Apresenta rápida proliferação de células anormais, que se instalam na medula óssea, interferindo na produção normal de células sanguíneas. É o tipo mais comum de leucemia aguda em adultos. No caso de Eduardo, manifestou-se no início da juventude, o que é bastante raro — disse o médico.

— E o que Eduardo sente?

— Os sintomas são causados pela substituição das células normais da medula óssea, o que provoca a queda na contagem de glóbulos vermelhos, plaquetas e leucócitos normais. Então o paciente passa a sentir fadiga, falta de ar, hemorragia e aumento do risco de infecções.

– O que pode causar esse tipo de leucemia? – quis saber a irmã do paciente.

– Existem alguns fatores de risco para o aparecimento da leucemia mieloide aguda, mas não podemos dizer que exista uma causa específica – elucidou o profissional.

– Em todos os casos ela pode ser fatal?

– É uma doença de rápida progressão, podendo levar a óbito em curto espaço de tempo. Podem ser semanas ou meses se não houver tratamento médico adequado com urgência, mas também é uma doença potencialmente curável para uma pequena parcela dos doentes através de terapias, como a quimio, que pode induzir à remissão. Mas uma boa parte dos doentes necessita de transplante de medula óssea para alcançar a cura – explicou o médico.

– E o transplante, como é feito?

– Células progenitoras hematopoéticas são retiradas do doador. Essas células são encontradas em doadores adultos, em ossos chatos como a bacia, esterno, costela e vértebras. São feitas múltiplas aspirações com agulhas especiais. As células progenitoras periféricas mobilizadas com fator de crescimento que vão circular na corrente sanguínea são obtidas por meio de máquinas denominadas leucaférese. Feita a aplicação das células saudáveis, elas serão infundidas na corrente sanguínea. Depois se implantam na medula óssea, iniciando a reconstituição hematopoética do paciente. Após o implante dessas células, são usadas altas doses de quimioterapia, que podem ser ou não associadas à radioterapia corporal, para que o paciente seja tratado da doença hematológica. Com a infusão das células progenitoras, a medula e a produção das células do sangue são restauradas. Dessa maneira, ocorre a recuperação do paciente, através do tratamento descrito – o profissional esclareceu com paciência.

– O senhor poderia me explicar o que são células progenitoras hematopoéticas? – indagou a moça.

– As células progenitoras hematopoéticas (CPH), ou células-tronco hematopoéticas, são o tipo mais comum de células-tronco adultas. São primitivas, com capacidade de autorrenovação e diferenciação em diversos tipos de células, sendo as responsáveis pela manutenção da hematopoese. São as células que originam as células sanguíneas adultas. Elas podem ser obtidas por meio de punção da medula óssea, do sangue periférico, do sangue de cordão umbilical e placentário – informou o médico.

– Como o transplante é indicado, quem faz essa indicação?

– O oncologista responsável pelo paciente, e também depende do tipo, do estágio em que a doença está e da idade do paciente. Fazem parte das condições: doença controlada ou remissa. Esses critérios de indicação para transplante de medula óssea estão estabelecidos em normas bastante claras em protocolos aprovados pelos Comitês de Ética.

– O senhor falou sobre células progenitoras. Como são obtidas – questionou Flor, que até o momento permanecera em silêncio, apenas escutando e observando.

– As células progenitoras do sangue periférico são obtidas na quantidade necessária para o transplante, por meio de um equipamento chamado máquina de leucaférese. O sangue é separado, e as células progenitoras são também separadas de acordo com o peso, e depois armazenadas em compartimento especial. Após o acondicionamento, essas células progenitoras são infundidas no paciente. Em pouco tempo podemos observar resultados – disse o médico.

— Quais as formas de transplante? Poderia me explicar? — pediu Alice.

— Com prazer! Há a forma alogênica, que é a necessária no caso de Eduardo, quando as células progenitoras provêm de um doador previamente selecionado por testes de compatibilidade. O mais importante chama-se HLA, que é o antígeno de hispocompatibilidade leucocitária. Em geral, os doadores são da família ou vêm dos bancos de medula óssea. Os bancos de medula óssea são abastecidos por doadores adultos cadastrados ou por bancos de cordão umbilical. Esses últimos constituem-se prática bastante saudável, pois são despojos, antes sem utilidade. Há a forma autóloga, em que as células progenitoras provêm do próprio paciente. Nos momentos em que o paciente está em remissão ou com a doença controlada, retiramos esse material e, após o condicionamento e a avaliação da saúde do paciente, as células progenitoras são infundidas. Por último, a forma singênica, em que as células progenitoras provêm de gêmeos idênticos, denominados univitelinos. Vocês têm mais alguma dúvida?

— Apenas uma coisa — falou Alice. — Esse processo é doloroso para o doador?

— É sim, Alice, não vou enganá-la. Mas também é rápido. Posso preparar o procedimento? — perguntou o médico.

— Pode sim. Estou preparada e ansiosa para ajudar meu irmão.

— Vou pedir a retirada de sangue e o exame de compatibilidade com urgência. Após, se quiser descansar um pouco, pode ir para casa. Se der positivo, peço que a chamem, está bem? — avisou o médico.

— Obrigada pela paciência — agradeceram os três.

Após a retirada do material necessário para os exames de compatibilidade, Alice e Flor foram para a casa de Toni. Este, após deixá-las em sua casa, dirigiu-se à mansão de Gabriel para pegar algumas roupas para as duas, visto que não mais se sentiam confortáveis na antiga residência. Tiago permaneceu no hospital, aguardando notícias do pai, e pensava angustiado que os problemas não haviam terminado; sentia que algo muito mais grave estava por vir.

Toni, durante o trajeto que o levava à casa de Gabriel, refletia sobre os últimos acontecimentos que havia presenciado. Feliz, agradeceu a Deus pelos adoráveis espíritos que agora faziam parte de sua vida. "Sei que este momento está sendo doloroso para Flor e Alice, mas vou cuidar delas com tanto desvelo e carinho, que nunca mais serão infelizes nem sentirão solidão. Também não podemos esquecer Tiago. É um excelente rapaz e precisará muito de nossa ajuda", o médico ponderou consigo. Irradiando doce energia, elevou o pensamento ao Pai em sublime instante de agradecimento.

21

O insensato Gabriel

891. Se o amor materno é uma lei natural, porque existem mães que odeiam os filhos e frequentemente desde o nascimento?

É, às vezes, uma prova escolhida pelo espírito do filho ou uma expiação, se ele tiver sido um mau pai, mãe ruim ou mau filho em outra existência. Em todos esses casos, a mãe ruim não pode ser animada senão por um mau Espírito, que procura criar dificuldades ao do filho para que ele fracasse na prova desejada. Mas essa violação das leis naturais não ficará impune e o Espírito do filho será recompensado pelos obstáculos que tiver superado.

(O Livro dos Espíritos – Livro III – As Leis Morais – Capítulo XI – Lei de Justiça, Amor e Caridade – Item IV – Amor Maternal e Filial)

Alice e Flor estavam descansando quando o telefone tocou. Era uma ligação do hospital avisando que os testes iniciais afirmavam que Alice tinha compatibilidade sanguínea com Eduardo. Felizes, mãe e filha acordaram Toni e o colocaram a par da novidade. Logo se trocaram e se dirigiram ao hospital.

No caminho, Alice levantou uma questão que a deixava insegura:
— Mãe, como vou dizer ao Eduardo que sou sua irmã dele no estado de saúde em que se encontra?
— Acredito que deverá ocultar esse fato no momento. Mais tarde, quando o rapaz estiver fortalecido, você poderá lhe contar. Ou, então, poderemos perguntar ao médico se essa emoção poderia prejudicá-lo.
— Não sei. Tenho receio de que ele se revolte com o fato, o que poderá lhe fazer mal e impedir que se recupere — ponderou Alice.
Nesse momento, o telefone celular que Eduardo havia entregue a Flor tocou. Prontamente ela o atendeu.
— Sim, sou eu — respondeu Flor. Em seguida, apenas escutou o que Eduardo tinha a dizer. Desligou o telefone com lágrimas nos olhos e disse, emocionada: — Não precisa se preocupar mais, minha filha. Eduardo já contou toda a história ao filho, e ele está ansioso por conhecê-la. Mandou dizer que a quer muito bem.
Alice, que se encontrava sentada no banco de trás do carro, abraçou a mãe e colocou, com afeto, a mão sobre o braço de Toni.
— A vida não é fantástica? Mesmo nas situações mais graves de conflitos emocionais e inseguranças, podemos também sentir doces e incríveis emoções. Antes éramos apenas eu e minha mãe. Agora tenho o Tiago, um irmão, o Toni e até um pai... Bem, quanto a este, não sei bem como será a sua presença em minha vida — desabafou Alice, permitindo que suaves e quentes lágrimas deslizassem por seu rosto delicado, marcado por incrível expressão de encantamento.

⁂

No plano espiritual, Ineque veio a nosso encontro e pediu-me carinhosamente:

— Conversei com amigos melhores, que nos aconselharam a ficar ao lado de Ana na cidadela. Tenho tarefas a realizar por aqui. Nossos amigos ainda viverão momentos de sofrimento, portanto gostaria que o amigo Vinícius assumisse essa encargo.

— Assim o faremos. O amigo teria alguma sugestão na maneira de conduzirmos esse atendimento? – indaguei a Ineque.

— Apenas o que sempre observamos: paciência, tolerância, perdão e muito amor no coração – tornou o amável amigo.

— Obrigado pela confiança – agradeci com emoção.

Ineque me abraçou com carinho e em seguida orou com muita emoção transparecendo na voz.

Pedi a Maurício que me acompanhasse nesse bendito trabalho de amor. Então, colocamo-nos a caminho.

Ao entardecer estávamos entrando no posto de socorro que ficava localizado à entrada da cidadela. Recebidos com carinho, entramos no agradável prédio espiritual que acolhia os socorristas da região para necessário refazimento de suas forças.

Alceu veio, sorridente, a nosso encontro.

— Bem-vindos a esta humilde casa de socorro. Ineque nos avisou de sua chegada e do motivo de sua vinda. Esperamos a chegada de uma caravana de irmãos socorristas para breve. Eles nos acompanharão à cidadela. Enquanto isso, gostaria de convidá-los a conhecer nosso jardim interno. Na oportunidade anterior não tivemos tempo de visitar essa maravilha produzida pelos trabalhadores dessa pequena comunidade.

— Aceitamos com muito prazer – falei com alegria.

Apesar de estarmos próximos aos benditos abismos da redenção divina, da intensa e lúgubre escuridão que a tudo envolvia, produto de mentes doentias e sofredoras, quando entramos no magnífico jardim impregnado por sutil e bela energia, sentimo-nos deslumbrados pela claridade que ali havia. Canteiros desenhados no chão em diversas formas harmônicas acolhiam pequenas e coloridas flores, aves gorjeavam, formando doce melodia que nos envolvia os sentidos, minúsculas borboletas voejavam ao redor como gotas de luz a iluminar nossas emoções.

Alceu observou nossos semblantes encantados com o quadro delicado que observavámos.

Olhei ao redor e notei que, conforme nossas doces emoções fluíam, o colorido da incrível paisagem se tornava mais intenso e brilhante.

Maurício disse, emocionado:

– Podemos definir o mundo à nossa volta. Basta ter consciência de nossa responsabilidade sobre o todo. Podemos ser construtores de uma nova era; basta que elejamos o bem como meta em nossa vida. Olhem! Olhem ao redor!

Extasiados pela maravilha do mundo que nos abriga, ficamos um tempo em silêncio, desfrutando da paisagem incomum, criada por nossas mentes em harmonia.

Veio juntar-se ao pequeno grupo de amigos Mauro, que andava prestando auxílio por aquelas paragens, precedendo-nos em algumas medidas necessárias ao bom andamento de nossa causa amorosa.

– Como estão os amigos? – perguntou-nos com afeto.

– Muito bem, em constante movimento de transformação e aprendizado. Confesso estar encantado com as experiências que venho desfrutando no mundo dos espíritos. Vislumbrava o que por aqui iria encontrar, mas a realidade, com certeza, está superando minhas expectativas – comentei, feliz.

– Concordo com Vinícius – ponderou Maurício. – Após o desencarne traumático que vivenciei, consequência de uma vida como encarnado bastante desequilibrada, estou descobrindo como posso transformar dor e desatinos em trabalho redentor. Acredito que aqueles que me conheceram em minha última encarnação não reconheceriam o Maurício de hoje[5].

— Vejam alguns casos de amigos que andam contribuindo com o trabalho de psicografia e, de repente, os parentes, ainda encarnados, se surpreendem com a maneira com a qual se expressam, tão diferente da de suas lembranças. Chegam a negar a autoria das obras, por não reconhecer as características anteriores — completou Mauro.

— Posso dizer que vivencio essa experiência, pois, enquanto encarnado, me dedicava a passar para o papel aquilo que conseguia entender por meio das reflexões que fazia de minhas leituras evangélicas. Traduzia sentimentos em relação à minha vivência daquele momento com os exemplos deixados por nosso irmão amado, Jesus. Hoje, romanceio nossas experiências no socorro aos irmãos necessitados, as causas que nos chegam em forma de trabalho, procurando partilhar o que presencio neste maravilhoso mundo dos espíritos, como também procuro dividir minhas descobertas pessoais, que se manifestam de múltiplas formas em meus sentimentos. Então, se comparar as obras literárias produzidas em minha última encarnação com as atuais contribuições, haverá diferenças importantes, porque me transformei com as experiências vivenciadas nesses quase quarenta anos desencarnado; mas aqueles que amaram a essência desse espírito a encontrarão entre as linhas de meus sentimentos — comentei, emocionado, com os amigos.

Alceu se aproximou de mim e abraçou-me com carinho.

— Ah, a humanidade que apenas olha a superfície das formas, um dia, não distante de hoje, conseguirá desprender-se

---

5. No livro *Vidas em jogo – drogas: queda e ascensão*, da Editora Didier, esse admirável jovem conta a trajetória de sua última experiência na matéria. Lúmen Editorial (N.M.).

dos sentimentos da vaidade e do orgulho e enxergar além das próprias frustrações. Aí sim estaremos em franca evolução moral, e nosso mundo assentado nesse bendito orbe poderá vislumbrar a verdadeira felicidade e caminhar de maneira firme e amorosa.

– O momento de nos reunirmos à equipe de socorristas que nos acompanhará à cidadela se aproxima. Convido-os a orar em benefício desse trabalho de amor – sugeriu Mauro.

No plano material, Ineque se encontrava junto a Eduardo Júnior, que esperava ansioso a chegada da irmã. Eduardo o observava, embargado, e pensava com aflição: "E quanto a mim, como será que Alice vai se comportar? Serei perdoado? Será que mereço perdão? Pedi a Deus que Alice não sofresse maus-tratos nas mãos de Gabriel e fui atendido. Será que, apesar de todo o mal que fiz em minha vida, Ele me ouve? Será que meu filho também será beneficiado por seu amor?".

Enquanto Eduardo reflexionava sobre sua responsabilidade sobre os últimos acontecimentos e descobria em seu íntimo a presença de Deus, amável criatura se aproximava mais e mais, e o envolvia em dúlcidas vibrações salutares.

Eduardo percebeu a diferença em suas sensações e sentimentos, fechou os olhos e se permitiu o bem-estar que o envolvia.

Nesse momento, Alice chegou ao corredor e observou o pai de longe. Ela já o havia visto, mas as emoções daquele instante não lhe permitiram gravar seu rosto, mas sabia que era ele. Aproximou-se e olhou através do vidro que limitava o espaço onde se encontrava o irmão. Então notou, admirada, o quanto se assemelhava fisicamente aos dois. Com mansuetude, aproximou-se e tocou o braço do pai, chamando-o:

– Pai!

Eduardo, sobressaltado, abriu os olhos e deparou com o doce semblante da filha à frente. Intensa emoção o envolveu. O corpo enfraqueceu e deslizou ao chão. Ajoelhado, segurou com delizadeza a mão da menina e implorou com humildade:

— Perdão, minha filha, perdão!

Alice ajoelhou-se diante do pai e o abraçou.

— Não precisa pedir perdão. Estou muito feliz por você existir. Não sei como nem por quê, mas sei que posso confiar em você.

O médico que atendia Eduardo se aproximou dos dois e falou com alegria:

— Percebo que tudo deu certo. Portanto, se quiserem dividir essa felicidade com Júnior, eu vou ajudá-los a se prepararem.

Eduardo e Alice trocaram as vestimentas por roupas fornecidas pelo hospital, higienizadas de acordo com a necessidade de pacientes isolados. Paramentados com luvas e máscaras, entraram no pequeno quarto onde estava Júnior, deitado em cama forrada com lençóis alvos que lhe emolduravam o corpo sofrido e magro.

O menino, assim que os viu, abriu enorme sorriso e estendeu as mãos em direção a Alice.

Alice se aproximou e o abraçou. Os dois jovens choravam de alegria e alívio pelos sentimentos que os envolvia naquele momento de reencontro.

Após os primeiros momentos de intensas emoções, questionaram o médico sobre a data do transplante.

— Alice será internada hoje mesmo, e acredito que, se os exames estiverem adequados, dentro de dois dias poderemos fazer a intervenção.

Júnior a fitou com afeto.

— Obrigado por essa esperança que me oferece: viver entre aqueles que tanto amo.

Eduardo se aproximou e abraçou a filha.

— Obrigado por não ter rancor em seu coração e socorrer Júnior.

— Não me agradeça, pois faço o que é certo. Além do mais, seus atos não são os de Júnior, portanto não seria justo meu irmão ser punido por eles. Quanto ao passado, ele existe e precisa ser absorvido por mim. Ainda necessitamos conversar muito sobre tudo o que aconteceu. Para vocês, a história é antiga, mas para mim tem apenas algumas horas. Ainda não consegui assimilar tudo isso. Trabalho minha mente com as prioridades, e agora o mais importante é o tratamento de Júnior; depois pensaremos no resto.

Eduardo fitou a filha, intimidado por sua firmeza de caráter. Abaixou a cabeça e acenou em sinal de compreensão.

Gabriel, em desdobramento, atraído por sentimentos rancorosos, estancou ao ouvir a conversa. Enraivecido, girou nos calcanhares e saiu, acompanhado por Pentesileia, que, com facilidade, entrara em sintonia mental com o infeliz e passara a alimentar o seu ódio insano.

— Você viu? Vai ficar tudo bem para eles, e você está lá, jogado em uma cama, entre a vida e a morte. Com certeza o culparão de tudo e será julgado como bandido. Se sobreviver, será entre as grades de uma prisão, sendo torturado e seviciado. Vai deixar assim ou fazer alguma coisa? Seu filho Tiago vai se envergonhar de você e renegá-lo. Sabrina já está morta mesmo. E o culpado, ficará impune? Você é covarde? Permitirá que ele seja perdoado por todos? Ele será feliz e você, renegado por todos. — Pentesileia repetia e repetia, ininterruptamente, os jargões malévolos que Gabriel alimentava, arremessando-o a triste panorama de fixação mental.

Gabriel, ensandecido, caminhava tropêgo e, confuso, tapava os ouvidos, tentando diminuir o barulho mental do qual era vítima, enquanto a amazona ria de seu sofrimento e continuava com a terrível tortura.

⁕

Tiago foi encontrar-se com Alice, já internada para proceder aos últimos exames necessários para a doação de medula óssea.

– Alice, estava com saudades – exclamou o rapaz, abraçando a namorada com carinho. – Toni me contou a história de sua mãe. Como você está?

– Estou bem. Já conheci meu irmão; ele é uma boa pessoa. Você vai gostar dele. Também senti sua falta – devolveu a moça.

– Será que o sequestrador sabia que esse Eduardo é seu pai, por isso a raptou? – indagou Tiago.

Alice percebeu que Toni havia omitido o envolvimento de Gabriel no sequestro dos dois, então, olhos baixos, tornou:

– É... Deve ser isso mesmo.

– O que houve? Por que está encabulada? Há algo mais além do que o Toni me contou? Se houver, Alice, por favor, fale-me – pediu o rapaz em aflição.

Nesse instante, o médico responsável pelo caso de Eduardo Júnior entrou no quarto.

– Está tudo certo, Alice – disse-lhe. – Vamos iniciar o procedimento médico dentro de no máximo duas horas. Estamos apenas esperando a sala de cirurgia ser limpa.

Alice segurou a mão de Tiago e agradeceu ao médico, que logo se retirou do quarto para continuar seus afazeres.

– Tiago, estou com medo. Disseram-me que é bastante dolorosa a retirada do material necessário.

– Não se preocupe, lembre-se de orar bastante. E é só um momento, que valerá a vida de seu irmão – respondeu o rapaz, abraçando-a para incentivá-la.
– Você fica aqui comigo? Só até eu entrar na sala de cirurgia.
– Fico sim, meu bem. Meu pai ainda está na UTI, nada posso fazer por ele agora, além de rezar.
– Desculpe, estou tão preocupada com meus problemas, que sequer me lembrei de perguntar pelo sr. Gabriel.
– Ele está fora de perigo, mas ainda muito fraco. O cardiologista, amigo do Toni, falou sobre uma cirurgia no coração, pontes de safena. E disse que é um procedimento seguro nos dias de hoje. Tranquilizaram-me bastante.
– Tudo vai sair bem, você vai ver.
– Sei disso – replicou o rapaz. – Também tenho essa esperança.

Flor e Toni estavam na lanchonete, dentro do prédio hospitalar, quando ouviram uma enfermeira dizendo à outra:
– Um paciente da UTI, um senhor que foi acidentado, fugiu e parece que levou com ele um bisturi. Ainda está sob efeito dos medicamentos relaxantes. Não sabemos como conseguiu se levantar, quanto mais fugir. O médico de plantão está preocupado, pois, enquanto estava inconsciente, falava, sem parar, em matar alguém.
Flor empalideceu e gritou em aflição, dirigindo-se a Toni:
– Ele vai matar Alice.
Em seguida, correu em pânico em direção ao quarto em que estava Alice. Alcançou o aposento a tempo de ver Gabriel enlouquecido avançar sobre a filha, mas Tiago, em um ímpeto protetor,

colocou-se entre os dois e recebeu violento golpe no abdômen. Gabriel, totalmente alheio ao que acontecia, continuou golpeando o rapaz e gritando em descontrole:

– Você matou minha filha, então mato a sua!

Flor se atirou sobre o infeliz desorientado, procurando livrar Tiago da ira do pai, mas o doente demonstrava uma força gigantesca e, em um único movimento, arremessou-a de encontro à parede. Logo chegou Toni, seguido de vários enfermeiros, para dominar Gabriel, que demonstrava uma força sobre-humana.

Tiago foi socorrido e encaminhado, de imediato, ao centro cirúrgico.

No plano dos espíritos, Ineque e Mauro tentavam desde o início auxiliar Gabriel a se livrar da influência maléfica de Pentesileia; porém, a índole maldosa e a ideia fixa de vingança não lhe permitiram se furtar da triste situação que acabou por acontecer.

Após esses momentos traumáticos, em que o pai, desvairado em suas ideias, terminou por ferir gravemente o próprio filho, Pentesileia desvinculou-se da mente de Gabriel e nos encarou com desdém.

– Meu poder sobre seu mundo é indiscutível. Como puderam presenciar, conto com os próprios sentimentos humanos. Vocês não percebem que não há como vencer? Agora volto à cidadela. Tenho mais uma missão de vingança: Hipólita, a quem chamam de Ana.

22
Redenção?

892. *Quando os pais têm filhos que lhes causam desgostos, não são escusáveis de não terem por eles a ternura que teriam em caso contrário?*

Não, porque se trata de um encargo que lhes foi confiado e sua missão é a de fazer todos os esforços para os conduzir ao bem. Por outro lado, esses desgostos são quase sempre a consequência dos maus costumes que os pais deixaram os filhos seguir desde o berço; eles colhem, portanto, o que semearam.

(O Livro dos Espíritos – Livro III – As Leis Morais – Capítulo XI – Lei de Justiça, Amor e Caridade – Item IV – Amor Maternal e Filial)

Alice, após a cena de dor que presenciara, precisou controlar as próprias emoções, pois a cirurgia eminente lhe cobrava o equilíbrio necessário. Flor, a seu lado, angustiada pela violência sofrida, convidou a filha a leitura edificante de um texto escolhido com carinho d'*O Evangelho Segundo o Espiritismo*, pedindo por Tiago e Eduardo, mas, em particular, por Gabriel, o mais doente de todos.

1. E depois que veio para onde estava a gente, chegou a ele um homem que, posto de joelhos, lhe dizia: Senhor, tem compaixão de meu filho, que é lunático e padece muito; porque muitas vezes cai no fogo, e muitas na água. E tenho-o apresentado a teus discípulos, e eles o não puderam curar. E, respondendo, Jesus disse: Ó geração incrédula e perversa, até quando hei de estar convosco, até quando vos hei de sofrer? Trazei-mo cá. E Jesus o abençoou, e saiu dele o demônio, e desde aquela hora ficou o moço curado. Então se chegaram os discípulos a Jesus em particular e lhe disseram: Por que não pudemos nós lançá-lo fora? Jesus lhes disse: Por causa da vossa pouca fé. Porque na verdade vos digo que, se tiverdes fé como um grão de mostarda, direis a este monte: Passa daqui para acolá, e ele há de passar, e nada vos será impossível. (Mateus, 17: 14-19).

2. É certo que, no bom sentido, a confiança nas próprias forças torna-nos capazes de realizar coisas materiais que não podemos fazer quando duvidamos de nós mesmos. Mas, então, é somente no seu sentido moral que devemos entender estas palavras. As montanhas que a fé transporta são as dificuldades, as resistências, a má vontade, em uma palavra, que encontramos entre os homens, mesmo quando se trata das melhores coisas. Os preconceitos da rotina, o interesse material, o egoísmo, a cegueira do fanatismo, as paixões orgulhosas, são outras tantas montanhas que atravancam o caminho dos que trabalham para o progresso da humanidade. A fé robusta confere a perseverança, a energia e os recursos necessários para a vitória sobre os obstáculos, tanto nas pequenas quanto nas grandes coisas. A fé vacilante produz a incerteza, a hesitação, de que se aproveitam os adversários que devemos combater; ela nem sequer procura os meios de vencer, porque não crê na possibilidade de vitória.

3. Noutra acepção, considera-se fé a confiança que se deposita na realização de determinada coisa, a certeza de atingir um objetivo. Nesse caso, ela confere uma espécie de lucidez, que faz antever pelo pensamento os fins que se têm em vista e os meios de atingi-los, de maneira que aquele que a possui avança, por assim dizer, infalivelmente. Num e outro caso, ela pode fazer que se realizem grandes coisas.

A fé verdadeira é sempre calma. Confere a paciência que sabe esperar, porque, estando apoiada na inteligência e na compreensão das coisas, tem a certeza de chegar ao fim. A fé insegura sente a sua própria fraqueza, e quando estimulada pelo interesse torna-se furiosa e acredita poder suprir a força com a violência. A calma na luta é sempre um sinal de força e de confiança, enquanto a violência, pelo contrário, é prova de fraqueza e de falta de confiança em si mesmo.

4. Necessário guardar-se de confundir a fé com a presunção. A verdadeira fé se alia à humildade. Aquele que a possui deposita a sua confiança em Deus, mais do quem em si mesmo, pois sabe que, simples instrumento da vontade de Deus, nada pode sem Ele. É por isso que os Bons Espíritos vêm em seu auxílio. A presunção é menos fé do que orgulho, e o orgulho é sempre castigado, cedo ou tarde, pela decepção e os malogros que lhes são infligidos.

5. O poder da fé tem aplicação direta e especial na ação magnética. Graças a ela, o homem age sobre o fluido, agente universal, modifica-lhe a qualidade e lhe dá impulso, por assim dizer, irresistível. Eis por que aquele que alia, a um grande poder fluídico normal, uma fé ardente pode operar, unicamente pela sua vontade dirigida para o bem, esses estranhos fenômenos de cura e de outra natureza, que antigamente eram considerados prodígios, e que entretanto não passam de consequências de uma lei natural. Essa a razão por que Jesus disse aos seus apóstolos: Se não conseguistes curar, foi por causa de vossa pouca fé.

(O Evangelho Segundo o Espiritismo – Capítulo XIX – A Fé Transporta Montanhas)

As horas foram passando e, apesar da intenção de Alice em se controlar, a ansiedade a invadia, e o medo de que algo mais grave acontecesse a Tiago também a desequilibrava.

– Toni, pelo amor de Deus, vai saber se Tiago está bem. Sinto uma angústia muito grande invadindo meu peito. E se ele morrer, o que faço de minha vida?
– Calma, Alice! Não faz cinco minutos que fui buscar notícias. Ele ainda está em cirurgia – tornou Toni com paciência.
– Mas por que demora tanto? É porque é muito grave. Aquele infeliz acabou por desencadear uma desgraça. Ele pode ter matado o próprio filho! – murmurava a menina em descontrole.
– Alice, você não é assim. Confiamos em Deus e sabemos que o melhor será feito por todos nós. Agora, procure se acalmar que daqui a pouco o médico virá buscá-la. Júnior não pode esperar mais pelo transplante e você se comprometeu com ele – disse Flor, a voz firme.
– Desculpem. Orem comigo, por favor – pediu Alice.

Enquanto isso, na sala de cirurgia, os médicos lutavam para salvar a vida de Tiago, gravemente ferido. Tivera um rim dilacerado e também o fígado comprometido. O rapaz, parcialmente desligado do corpo material tão maltratado, foi encaminhado à sala de atendimento psicológico ligada à casa espírita Caminheiros de Jesus e recebido amorosamente por Inácio.

Inácio permitiu a Tiago alguns momentos de descanso abençoado, para em seguida acordá-lo com carinho e amor.

– Tiago, meu filho, desperte! Está tudo bem. Você já foi socorrido e está a salvo. Estou aqui para auxiliá-lo neste momento. Meu nome é Inácio.

Tiago arregalou os olhos, assustado, e levantou-se com rapidez do divã onde estava acomodado.

– O que aconteceu? Onde estou? – indagou aflito, recordando os últimos acontecimentos. Observou o próprio abdômen e concluiu angustiado: – Meu pai enlouqueceu!

Neste instante, o sangramento que havia parado voltou novamente. Na sala de cirurgia, o corpo material de Tiago sofria forte e grave processo hemorrágico. Inácio, de pronto, agiu com destreza e passou a energizar o local fragilizado e a conversar em tom manso com o rapaz, visivelmente apavorado.

– Tiago, preste atenção ao que vou dizer, pois precisamos de seu auxílio para poder ajudá-lo a vencer esses momentos. Você se lembra dos estudos que fez sobre o mundo dos espíritos, de que o perispírito se desdobra durante o sono? O mesmo acontece quando está sedado. Neste momento, seu corpo material encontra-se em uma sala de cirurgia e os médicos trabalham para curá-lo dos ferimentos que sofreu. Se nos auxiliar, tudo correrá a contento, sem maiores traumas.

Tiago fechou os olhos e, com grande esforço, procurou se controlar. Em seguida inquiriu:

– Como está Alice?

– Está bem, embora preocupada com você, e também sob forte pressão, pois, dentro de minutos, deverá entrar em sala cirúrgica para colher material da medula óssea. Com você mais calmo e controlado, ela vai se sentir melhor.

– Posso ir até ela, para que possa ver que está tudo bem comigo?

– Ela será parcialmente sedada agora. Se estiver bem, poderá aproximar-se e ela sentirá sua presença, está bem?

– Está sim. Quero que ela fique sossegada, para que possa ajudar o Júnior. Enquanto isso, posso lhe fazer algumas perguntas?

– Se puder responder, terei muito prazer.

— Por que meu pai agiu dessa maneira? Por que dizia sem interrupção que alguém havia matado sua filha, então ele mataria a filha dele? Referia-se à morte de Sabrina?

— Isso mesmo, meu jovem.

— Mas... o que tem uma coisa a ver com outra?

— Você já sabe que Eduardo mantém atividades junto ao tráfico de drogas. Gabriel, no estado de desequilíbrio em que se encontra, acabou por relacionar o desencarne de Sabrina, por overdose, a Eduardo, responsabilizando-o pela dor que sente com a partida da filha.

— Não havia refletido a respeito, inclusive por não saber desse fato; mas meu pai trabalha para Eduardo há muitos anos... Ele é, inclusive, o cliente mais importante que atende. — Tiago estacou, estupefato, e fitou Inácio. — Meu pai sabia dessa atividade de Eduardo, não é?

Inácio encarou o jovem com compaixão. Tiago permitiu que sentido pranto brotasse de seu mais íntimo sentimento.

— Então também foi meu pai quem mandou raptar Alice. Ele queria impedir que ela ajudasse Júnior, assim o rapaz não teria chances de recuperação, e ele assistiria ao sofrimento de Eduardo, vingando-se pelo desencarne de Sabrina. Mas fomos resgatados pelos homens de Eduardo. Ele se descontrolou e acabou sofrendo o acidente, e foi ao nosso encontro para matar Alice. — Com o olhar perdido, Tiago deixou a cabeça pender, compadecido. — Coitado de meu pai. Está a cada dia se comprometendo mais. Minha mãe internada em estado de loucura, a filha desencarna dessa maneira violenta e ele perdido no caos da incompreensão e do ódio. Ele sabe que foi a mim que feriu?

— Não, está bastante perturbado. Os médicos não conseguem explicar como ele conseguiu se levantar, andar até o quarto de Alice e ainda ter forças para praticar tamanha violência, pois seu estado de saúde é bastante grave. Além dos ferimentos que sofreu no acidente, o coração está muito fraco. Você precisa ser muito forte e persistir em sua caminhada. Vai precisar exercitar a fé com paciência e sabedoria.

– Alice sofre as consequências dos desvarios dos outros. Ela é uma menina doce e meiga, incapaz de maltratar quem quer que seja. Como poderá me perdoar por tudo isso?

– Mas você também não é responsável pelos atos dos outros. Nessa circunstância, também foi vítima, se é que podemos dizer que há vítimas neste mundo fantástico de ação e reação.

– Como assim? Como não seria vítima nessa circunstância que vivi?

– Você, meu jovem, está contando apenas com essa encarnação, mas, segundo sabemos, há inúmeras oportunidades pretéritas nas quais podemos ter nos comprometido de maneira grave e, durante o planejamento encarnatório, contado recuperar esse débito.

– Como isso acontece? Meu pai teria se comprometido a praticar esses atos de violência para que os outros se recuperassem, por meio de sofrimento, desses débitos do passado? Não me parece correto.

– Dessa maneira não é mesmo, pois todo planejamento encarnatório visa ao aprimoramento moral do espírito. Contudo, quando encarnados, muitas vezes sucumbimos aos vícios comportamentais, que nada mais são que a manifestação dos vícios morais, e nada é perdido no mundo de Deus. Mas cada um desses atos desequilibrados é aproveitado para empreender o caminho do bem.

– Outro dia estávamos lendo *O Evangelho Segundo o Espiritismo*. A lição dizia que os escândalos são necessários, mas ai daquele por quem vir o escândalo. É essa a ideia?

– Exatamente. Vivemos em um planeta de provas e expiações, onde nós, espíritos ainda imperfeitos, necessitamos da dor amiga e companheira para realizarmos saudáveis reflexões sobre esse estado de alma e resolvermos modificar o rumo da vida e nossa relação com ela.

– Outro dia, no atendimento fraterno, Sandra nos disse que o problema, quando sofremos, não são as ações alheias sobre nós, mas como as recebemos, intelectual e emocionalmente. Se refletirmos sobre os últimos acontecimentos, os atos violentos de meu pai, como poderíamos encaixá-los nessa concepção?

– Entendendo as limitações morais que ainda são características intensas de sua personalidade. Você acredita que seu pai teria feito a mesma coisa se tivesse consciência de seus erros? Ou será que na maneira de ele entender todo esse processo de sofrimento, que se iniciou com o desencarne trágico de Sabrina, ele está reagindo de maneira lógica?

– Você quer me dizer que, no entendimento dele, meu pai está certo, e teria direito a essa vingança, mesmo sabendo que traria sofrimento a pessoas inocentes? Isso justifica seus atos?

– Justificar não, mas os explica, segundo o entendimento que ele faz da vida. O que também não o exime da necessidade de se harmonizar com o mal causado.

– Olho por olho, dente por dente?

– Não, por amor e compreensão. Somente quando entender o que fez sua consciência cobrará a reparação. Ninguém o julgará, condenará nem destinará o castigo, o que seria contraproducente. O entendimento das leis morais é que nos eleva à prática da verdadeira caridade, aquela que nasce de dentro para fora.

– Puxa vida, quanta coisa nova para entender. Mas, ao mesmo tempo, parece-me tão familiar...

Inácio sorriu.

– Por essa mesma razão a vida é tão fantástica. Veja sua cirurgia. Já terminou e está tudo bem. Em instantes deverá começar a voltar ao estado consciente. Relaxe e descanse um pouco mais; logo o acompanharemos de volta ao corpo físico.

— Obrigado por essa conversa. Procurarei guardar em minha mente essa sensação de perdão que sinto. Desejo muito auxiliar meu pai.

— Você já está praticando esse ato de amor, meu jovem amigo.

— E Alice, quando poderei vê-la?

— Assim que for possível e benéfico aos dois.

— Confio em você. Nossa conversa me fez muito bem. Obrigado.

Inácio olhou para a porta e identificou a figura de Pentesileia, que, com a aprovação do plano melhor, tivera permissão de entrar no prédio espiritual da bendita casa de socorro e presenciar a conversa amável entre os dois.

Tiago adormeceu tranquilo. Inácio levantou-se da poltrona onde estava acomodado e dirigiu-se à amazona.

— Convido a senhora a entrar na nossa casa e desfrutar por alguns momentos de nossas acomodações e benéficas energias, que muito vão auxiliá-la.

Pentesileia o observou com um olhar enigmático.

— O que espera de mim?

— Nada; apenas a convido a desfrutar desse Bem Maior.

— Pergunto novamente: o que espera de mim?

— O que poderá fazer?

— Por vocês, muito! Tenho muito a ensinar. Gostaria de aprender?

— A irmã sabe muito bem que aquilo que me oferece já não me atrai.

— Assim como o que tem a me oferecer também não me atrai.

— Apenas a convido a refazer as forças.

— Para que possa sentir a diferença entre seu plano e o meu, e, dessa maneira, arremessar minha mente em terrível conflito?

— O que tem a temer? Sente-se assim tão insegura a respeito

de suas crenças, que o simples fato de uma sensação diferente a coloca na defensiva?

Pentesileia olhou-o enraivecida e, reunindo todas as forças, arremessou em direção a nosso amigo densa carga energética. Inácio a olhou com carinho e, sereno, transformou amorosamente os petardos maléficos em doce e calma energia, que ofertou à triste amazona.

Pentesileia vacilou amedrontada e dobrou os joelhos em abençoada sensação letárgica. Com dificuldade levantou-se e, trôpega, saiu claudicante do edifício abençoado.

A amazona dirigiu-se à cidadela e ao horripilante buraco escavado nas rochas onde se encontrava aprisionada Ana, que, vendo-a chegar e estacar frente as escuras grades que a continham, percebeu a confusão mental em que se encontrava a antiga companheira.

Ana ajoelhou-se no solo frio, erguendo a vista ao céu, não vislumbrado por Pentesileia, mas tão presente na mente da doce moça. Embargada, iniciou a prece que nosso mestre Jesus nos legou em herança de amor. Conforme recitava a doce oração, que nos pareceu um cântico sublime, uma chuva de energias divinas descia em harmônico colorido iluminando cada canto do abençoado abismo da recuperação moral.

Pentesileia sentou-se a um canto com expressão de aturdimento. Emocionada, Ana percebeu o silencioso pranto que nascia de seus mais íntimos sentimentos, e agradeceu ao Pai amado essa bênção de amor.

Nesse instante, eu e Maurício entramos na pequena cela onde se encontrava a amável amiga e também dobramos os joelhos em posição de agradecimento à oportunidade que, ora, vivenciávamos.

23
Uma voz como essa não pode se perder

893. Qual a mais meritória de todas as virtudes?
Todas as virtudes têm o seu mérito, porque todas são indícios de progresso no caminho do bem. Há virtude sempre que há resistência voluntária ao arrastamento das más tendências; mas a sublimidade da virtude consiste no sacrifício do interesse pessoal para o bem do próximo, sem segunda intenção. A mais meritória é aquela que se baseia na caridade mais desinteressada.

(O Livro dos Espíritos – Livro III – As Leis Morais – Capítulo XII – Perfeição Moral – Item I – As Virtudes e os Vícios)

No plano material, Gabriel foi sedado e amarrado a uma cama hospitalar e, apesar da forte sedação, mostrava-se bastante violento, inclusive com atitudes de autoflagelação. Descontrolado, batia a cabeça com raiva contra o leito que o acolhia. Observávamos a cena e percebemos que a violência autoinfligida dava ao rosto material a mesma aparência que podíamos ver em seu perispírito.

A equipe de Inácio, sob sua orientação, auxiliava a equipe médica terrena. Gabriel foi desligado parcialmente do corpo denso e levado a uma sala de atendimento no posto de socorro psicológico; bastante agitado, foi tratado com passes magnéticos que, aos poucos, auxiliaram-no a se acalmar, facilitando assim o trabalho que seria realizado a seguir. Contudo, minutos após os cuidados tomados pela equipe médica espiritual, Gabriel arregalou os olhos, demonstrando todo o pânico que o dominava. Desarvorado, voltou ao corpo material, rejeitando violentamente, naquele momento, qualquer ação de nosso plano; apiedados, pudemos tão somente observar o processo doloroso que o irmão vivenciava.

꧁꧂

Após Tiago ser reconduzido ao corpo material, Inácio dirigiu-se ao aposento hospitalar onde Gabriel se encontrava. A equipe socorrista tentaria ajudá-lo novamente. Inácio aproximou-se dele e com delicadeza tocou seu frontal, auxiliando dessa maneira a dispersão de densa energia acumulada nessa região, assistido por outros dois trabalhadores de boa vontade e utilizando um pequeno aparelho que armazena energias salutares. O aparelho foi delicadamente posicionado em sua testa, liberando assim carga energética que produziu intenso choque anímico.

Gabriel abriu os olhos, ainda perturbado pelos últimos acontecimentos. Olhou à volta e, espantado, perguntou:

– Onde estou? O que está acontecendo?

– Acalme-se. Você está entre amigos. Apenas nos permita auxiliá-lo. Fique um pouco em silêncio, só aproveitando a serenidade deste momento radioso – sugeriu Inácio.

Gabriel, apesar de confuso, cedeu à inflexão afetuosa da voz que ouvia. Não sabia onde estava, mas sentia muita calma e conforto, sensações há muito tempo ignoradas por seu espírito.

Os três amigos socorristas continuaram o trabalho de amor, dispersando as concentrações energéticas de baixa vibração que envolviam o infeliz irmão.

Por aproximadamente uma hora, Inácio e os companheiros de labor cuidaram de Gabriel, apenas auxiliando-o a ter um pouco de lucidez. Gabriel adormeceu, no início bastante agitado, mas ao poucos, conforme recebia do Pai a oportunidade de se refazer, foi serenando, e a expressão de seu rosto, suavizando.

Retornando de novo ao corpo material, permaneceu calmo. Os médicos que cuidavam dele resolveram mantê-lo sedado por algum tempo, o suficiente ao reequilíbrio da mente adoentada.

꿈

Enfermeiros entraram no quarto de Alice. A hora da cirurgia se aproximava. Alice, mais calma com as boas notícias sobre a cirurgia de Tiago, estendeu a mão em direção a Flor.

– Mãe – pediu –, você e Toni poderiam pedir auxílio ao pessoal da casa espírita Caminheiros de Jesus para que todos orem para meu irmão ficar bem?

– Farei isso agora mesmo. Sandra me deu seu telefone caso precisássemos de ajuda. Fique sossegada, minha filha. O que for melhor, para todos os envolvidos nesta história, acontecerá.

Flor abraçou a filha com carinho. Toni acompanhou o gesto amoroso da noiva. Alice foi colocada em uma cadeira de rodas e levada à sala de preparação para a cirurgia.

Flor abraçou Toni e, aflita, perguntou:
— Vai dar tudo certo, não é? Minha filha não corre perigo, não é?
— Meu bem, apesar da gravidade da doença de Júnior, os procedimentos que serão tomados são relativamente simples. Fique tranquila, tudo dará certo. Alice receberá uma sedação leve, só para acalmá-la.
— Nossa! Estou tão inquieta! – concluiu Flor, a expressão preocupada.
— É normal, Flor! Sua filha vai passar por um procedimento médico delicado, mas também seguro. Acalme seu coração de mãe, meu bem.

Alice sentiu suave sonolência. Orou com muito fervor, pedindo a Deus que a mantivesse serena para que o material doado ao irmão fosse impregnado por sutil e amorosa energia, facilitando dessa maneira a absorção pelo organismo do irmão, curando-o do mal físico.

Alice se desdobrou facilmente com nosso auxílio. Tiago já a esperava. Felizes, abraçaram-se com afeto. Inácio os deixou na companhia de trabalhadores da equipe e dirigiu-se ao quarto no qual Gabriel se encontrava instalado, aguardando a remoção para uma clínica de doenças psíquicas, assim que seu estado físico o permitisse.

Gabriel, rosto congestionado por sentimentos de ódio e rancor, estava alheio ao ambiente que o acolhia. Inácio se aproximou mansamente e, mais uma vez, passou a auxiliá-lo com a dispersão dos densos fluidos que o envolviam de novo, resultando assim em tristes ligações mentais com espíritos ainda maldosos e ignorantes da verdade divina de sua criação. Inácio passou a auscultar seus pensamentos e, penalizado, notou que Gabriel criara a si mesmo doentio padrão de fixação mental, que o mantinha cativo aos próprios desatinos.

Entidades femininas de baixa vibração penetraram no quarto e, com postura de chefes de grupo, instruíram as asseclas, que logo iniciariam o processo de desligamento do perispírito de Gabriel. Duas mulheres de aparência grotesca permaneceram à espera da ordem que as liberasse para agir.

Inácio se dirigiu a um trabalhador espiritual que se mantinha à cabeceira de Gabriel.

– Você é Custódio, o mentor de Gabriel?

– Sou sim. Infelizmente, terei de presenciar o desencarne de meu tutelado sob os cuidados de falanges do mal. Como Gabriel encontra-se fora do alcance das benéficas influências de planos de vida melhor, passará um período de dores e provações terríveis.

– Esses espíritos sob o comando do mal estão aqui para proceder ao desligamento de Gabriel? Elas pertencem ao grupo de Pentesileia?

– Exatamente, meu amigo. Para essa comunidade, o aprisionamento de Gabriel, em avançado estado de loucura, será motivo de festas hediondas que se arrastarão por muito tempo, fortalecendo o grupo.

– Precisamos agir imediatamente para que isso não aconteça. De quanto tempo dispomos antes do desencarne?

– Apenas poucas horas. O coração debilitado de Gabriel não suportará os traumas do acidente, e o intenso desequilíbrio emocional também contribuirá com a falência do organismo.

– Vou buscar auxílio junto às equipes socorristas e aos entes queridos.

– Agradeço seu auxílio. Ficarei à sua cabeceira procurando penetrar o campo vibratório e auxiliá-lo a alcançar algum vislumbre de lucidez.

De pronto, Inácio transportou-nos para uma sala iluminada com delicadas nuances de azul, onde percebemos a presença de amável entidade que nos recebeu com alegria.

— Bom dia, querido amigo — a doce criatura cumprimentou Inácio.

— Bom dia. O irmão intercede por Gabriel junto a nosso Pai? — indagou Inácio, sentindo forte emoção na presença de tanta bondade.

— Há séculos acompanho Gabriel, intentando sua reabilitação perante si mesmo, mas, espírito ainda rebelde, ele tem relutado em modificar sua caminhada. A cada oportunidade que recebe, por meio de belíssimos planejamentos encarnatórios, assistido por dedicados amigos, que o amam e vêm, através dos tempos, procurando auxiliá-lo a descobrir os verdadeiros valores da vida, acaba por endividar-se mais e mais. Devido aos obstáculos que cria para si mesmo, em bendita reunião, aconselhada por equipes de espíritos mais puros e que já possuem uma visão mais saudável do todo, foi decidida uma futura encarnação compulsória, na qual o querido amigo habitará um corpo limitado por graves comprometimentos físicos e também algumas restrições de nível mental, características que o manterão estacionado na idade infantil. Dessa maneira, vai se beneficiar com a permanência, por um período maior, em meio a amorosa família cristã, como também sob os cuidados de espíritos melhores, os quais se comprometeram nesse auxílio há certo tempo — tornou o amável ancião.

— Percebo em Gabriel grave relutância em aceitar sua origem divina, o que o mantém na retaguarda evolutiva, que também não o livra de novos e graves débitos morais. Há poucos minutos, fui informado de que a comunidade que se autointitula Amazonas da Noite aguarda, ansiosamente, o desencarne do comprometido amigo, e que esse fato há tanto tempo esperado deverá fortificar tal comunidade, corroborando o estado caótico em que vivem esses espíritos — explicou Inácio.

— Você tem razão em sua preocupação. Pentesileia, como líder dessa comunidade, levou às integrantes do grupo o ódio por Gabriel, a ponto de estarem unidas no compromisso de escravizarem e destruírem o incauto espírito, como se fossem uma única personalidade. Se conseguirem levar a término esse intento, haverá graves consequências para todas; para alguns daqueles espíritos, o retorno vai se tornar bastante difícil. Sem considerarmos que, se a notícia se espalhar pelo submundo das mentes em trevas, os grupos que se afinizam com a sociedade criada por Pentesileia vão se fortalecer, recrudescendo assim o mal em nosso planeta – replicou a divina entidade do bem.

– Gostaria de sua orientação para auxiliar de maneira produtiva, em benefício de todos nós – solicitou Inácio.

– Um acampamento já está montado à frente do hospital. Esse momento não será perdido, pois aqueles que já estão cansados das dores receberão a notícia de oportunidade imperdível de felicidade. O amigo poderá se juntar com sua equipe aos benfeitores médicos da mente e das emoções, que auxiliarão no esclarecimento da origem divina de todos nós, dessa maneira acordando-os para o verdadeiro viver, repleto de esperança e amor. Equipes socorristas vão se juntar a Vinícius e Maurício, dentro da cidadela, enquanto Mauro e Ineque, apoiados por equipes de trabalhadores preparados na proteção da casa espírita Caminheiros de Jesus, receberão os socorridos. Outras equipes vinculadas às demais casas deverão se juntar a nós, pois o trabalho será árduo, embora profícuo. O objetivo será esvaziar a cidadela e no futuro transformar essa região em belíssimo educandário para jovens recém-desencarnados. Com o auxílio de Deus, poderei contribuir nesse projeto – respondeu o irmão abençoado.

Inácio o olhou com carinho.

– Reconheço em suas feições amado irmão dedicado a aprimorar metodologias para a educação e lutar para que todos tenham acesso à educação completa.

O irmão o olhou com um sorriso.

– Magnífica encarnação na qual desfrutei abençoada oportunidade de resgatar débitos do passado – replicou com humildade. E prosseguiu: – Devemos nos unir aos companheiros de trabalho e participar de momento reflexivo e de oração, com a intenção de nos preparar para contribuir nesse socorro de bênçãos.

Dizendo isso, estendeu-me a mão com carinho e nos conduziu à bela torre de observação, em volta da qual um número incalculável de espíritos se reunia em benefício da humanidade.

Olhei ao redor e percebi que todos nós, socorridos e socorristas, vivenciávamos naquele momento um admirável processo de mudança, de transformação, através de experiências que nos faziam buscar novos conhecimentos, os quais nos propiciavam novos entendimentos, que nos descortinavam outros mundos vivenciais, em ininterrupto processo de evolução, cada vez mais conscientes das responsabilidades pessoais e sociais.

Adorável entidade feminina nos saudou com alegria do alto da torre, conclamando-nos a orar em benefício de nós mesmos, hoje com disposição a compartilhar o amor nascente nos corações, assim criando uma psicosfera de energia salutar que poderíamos oferecer aos mais carentes espíritos, perdidos nas trevas das próprias mentes.

Inácio se emocionou sobremaneira e permitiu que lágrimas de alegria e esperança banhassem-lhe o rosto.

Sentia em meu coração mais do que meus olhos imortais conseguiam enxergar. Apesar de estar nas masmorras da cidadela, podia participar com meu amor de todas as situações que envolviam aquela comunidade, e ali, sentado ao lado de Ana e Maurício, olhei para a amazona que se ergueu com volúpia e nos olhou com rancor:

– Acreditem, nunca mais verão a luz do sol.

E, com ira insana, desfechou em nossa direção densa nuvem energética. Abaixamos nossas cabeças em sinal de humildade, e a descarga energética a nós dirigida transformou-se em suave brisa perfumada por flores que, aos poucos, foram enfeitando as paredes nuas e pestilentas.

Pentesileia olhou-nos com ódio e partiu. Ali ficamos, em profunda meditação de amor. Maurício olhou para mim e perguntou, tentando entender todas as situações que podíamos observar:

– Eduardo Júnior me parece um espírito em melhores condições morais. Seu perispírito não mostra graves deformações. Sua provação com a leucemia está somente vinculada ao bem de Eduardo?

– Apesar de o menino já demonstrar equilíbrio moral e capacidade de amar e perdoar, isto não o exime de antigos débitos. O que ocorre nessa encarnação é que ele tem condições de sofrer em benefício de outrem, mas também de se recuperar de desvios comportamentais do passado; especificamente, de triste experiência no mundo das ciências biológicas e psíquicas – redargui ao querido amigo –, quando usou seus conhecimentos para elaborar sofisticadas maneiras de tortura, e uma das vítimas foi Gabriel, companheiro de desatinos, que lhe serviu de cobaia, quando imaginou que este pudesse ser um perigo para sua posição social. Resolveu, então, extirpá-lo como se fosse uma doença que poderia vitimá-lo.

– Uma das consequências da leucemia são dores atrozes em todo o corpo físico – comentou Ana.

– Isso mesmo. É um dos sintomas da doença, como também febre e suores noturnos, infecções frequentes, sensação de fraqueza ou cansaço, dor de cabeça, sangramentos e hematomas, gengivas que sangram, pequenas pintas vermelhas sob a pele, inchaço ou desconforto no abdômen devido ao aumento do baço, gânglios inchados, principalmente do pescoço e das axilas, perda de peso. Esses sintomas não são necessariamente de leucemia, porque podem indicar outras doenças. O diagnóstico certo e inquestionável é feito apenas por meio de exames de sangue e biópsia de material da medula. Somente após os exames necessários é que o médico saberá o tipo da leucemia, que pode ser aguda ou crônica, mieloide ou linfocítica. Aí, então, decidirá o tipo de tratamento necessário.

– E quanto ao aspecto espiritual da doença? – questionou Maurício.

– Todo tipo de sofrimento que devemos vivenciar em nossas encarnações, o que inclui o sofrimento físico por doenças transitórias ou crônicas, são oportunidades para repensarmos a maneira de viver, sofrimentos esses causados por desatinos dessa mesma encarnação ou de encarnações pretéritas. E o mal, seja ele qual for, só será erradicado de nossa vida quando curarmos a causa moral que o origina – tornei com carinho.

– Voltamos sempre ao mesmo ponto: renovação íntima – comentou Ana.

– Isso mesmo, querida amiga. Apenas a educação moral do espírito é a cura efetiva para nossas dores – respondi.

24
Um triste desencarne

894. Há pessoas que fazem o bem por um impulso espontâneo, sem que tenham de lutar com nenhum sentimento contrário. Têm essas pessoas o mesmo mérito daquelas que têm de lutar contra a sua própria natureza e consegue superá-la?

Os que não têm de lutar é porque já realizaram o progresso. Lutaram anteriormente e venceram; é por isso que os bons sentimentos não lhes custam nenhum esforço e suas ações lhe parecem tão fáceis; o bem se tornou para eles um hábito. Deve-se honrá-los como a velhos guerreiros que conquistaram suas posições. Como estais ainda longe da perfeição, esses exemplos vos espantam pelo contraste e os admirais tanto mais porque são raros. Mas sabei que, nos mundos mais avançados que o vosso, isso que entre vós é exceção se torna regra. O sentimento do bem se encontra por toda parte e de maneira espontânea, porque são mundos habitados somente por bons Espíritos e uma única intenção má seria neles uma exceção monstruosa. Eis por que os homens ali são felizes e assim será também na Terra, quando a Humanidade se houver transformado e compreender e praticar a caridade na sua verdadeira acepção.

(O Livro dos Espíritos – Livro III – As Leis Morais – Capítulo XII – Perfeição Moral – Item I – As Virtudes e os Vícios)

Assim que saiu das masmorras da cidadela, Pentesileia organizou um grande grupo de amazonas, que foram instruídas a se posicionar nas imediações da casa espírita Caminheiros de Jesus. Era segunda-feira, dia do trabalho de desobsessão. O grupo de trabalhadores já estava presente na casa, iniciando o período de estudos.

O prédio espiritual era bem mais amplo que as acomodações materiais, repleto de equipes socorristas, prontas a atenderem as necessidades que já podíamos antever diante da intensa movimentação ao redor da casa espírita.

Uma equipe de trabalhadores, composta por espíritos que aparentavam força física, cercava o perímetro mais próximo da entrada do prédio, impondo limites à aproximação de alguns irmãos visivelmente dispostos a causar confusão, visando o enfraquecimento da comunidade. Outros socorristas se movimentavam dentro da grande massa de espectadores, bulhões e desocupados, oferecendo auxílio e socorrendo algumas entidades que demonstravam total alheamento mental do que ocorria naquele momento.

Ouvimos um intenso estrondo vindo das profundezas da terra, que nos lembrou os grandes cataclismos da natureza – um grande terremoto. Sentíamos a Terra tremer como se algo gigantesco se movimentasse em direção à superfície. Os espíritos ali reunidos sob o comando das amazonas, amedrontados, tentavam fugir do local, porém as grandes e portentosas mulheres pareciam se multiplicar a nossos olhos e, brutais, controlavam a turba enlouquecida.

De seus olhos e mãos, densa energia era expelida em direção aos mais rebeldes, controlando-os pela imobilização dos sentidos. Enquanto isso, um grupo de entidades que assumiam aparência gigantesca formava um cordão em volta do aglomerado de espíritos, contendo a multidão apalermada com grotescos instrumentos que eram posicionados como postes que sustentassem uma rede energética. Algumas entidades de aspecto assustador moviam-se pela multidão recolhendo energias liberadas pelas mentes em desequilíbrio, para em seguida libertá-las em terríveis formas-pensamento que apenas incitavam os desavisados irmãos a agravar o estado de desvario.

Pentesileia surgiu do alto, guiando estranho veículo, semelhante a uma prancha, na qual se mantinha ereta. Dirigia-a desgovernadamente, assustando mais e mais aquela bendita reunião de irmãos necessitados. No mesmo instante, um veículo de proporções gigantescas saiu de dentro da terra, transportando mais mulheres fortemente armadas.

Ineque se comunicou conosco por meio do pensamento e nos solicitou auxílio, aconselhando-nos a manter formas energéticas de nós mesmos ali nas masmorras do sofrimento, evitando dessa maneira que a ira de nossa irmã Pentesileia se agravasse naqueles momentos de desatino, quando soubesse que não mais estávamos presos em seus domínios.

Assim o fizemos, e logo nos encontrávamos auxiliando as égides divinas naquele momento precioso de redenção. Nossa sede de trabalho era o hospital onde parte importante da história se desenrolava.

A mesma movimentação que havíamos observado nas redondezas da casa espírita Caminheiros de Jesus acontecia de maneira semelhante nas dependências externas da grande casa de saúde.

Reunimo-nos a querido amigo que coordenava os trabalhos nesse sítio de socorro material e espiritual. Logo dirigimo-nos a ele em busca de instruções para nosso trabalho.

– Boa noite, querido amigo! Há tempos não o vejo por essas paragens – cumprimentei com alegria o velho e amado amigo.

— Ah, querido companheiro, continuo em dinâmica caminhada por esse mundo, a divulgar entre todos o bendito evangelho de Jesus — respondeu-me ele.

— O socorro a esses irmãos é bendito trabalho para todos nós, comprometidos com um passado delituoso, mas que hoje, também, enxergamos como oportunidade — tornei com alegria.

— Inácio contou-me de sua aventura junto a Tibérius[6], e da pressurosa informação de um passado desequilibrado recuperado na última experiência na matéria, oportunidade em que pôde com equilíbrio superar antigos desatinos. O amigo deve saber que a mim aconteceu semelhante caso, pois, na minha última encarnação, também fui abençoado com a oportunidade de usar a boa oratória em benefício da humanidade — replicou o grato amigo.

— Não me mencione tal ventura! Recordo-me de suas palavras exortando todos a trilhar o Caminho de Damasco como Paulo o fez, ao permitir que as palavras de Jesus alcançassem os mais recônditos vales sombrios de sua mente. A oportunidade de refazermos o caminho, utilizando a mesma ferramenta que nos denegriu a alma, é luz que vem nos direcionar a um futuro de amor. Como ainda me surpreendo com a vida que nos alimenta a mente em direção à morada do Pai... — ponderei com emoção.

— Temos muito a reaver desse passado bendito. Portanto, meu amigo, vamos ao trabalho — convidou, bem-humorado. — Pedimos a vocês que cada um fique ao lado de um de nossos assistidos. Aconselhamos que Ana esteja ao lado de Alice e Júnior; Maurício poderá ficar com Tiago; e a você, Vinícius, caberá a tarefa mais árdua: permanecer ao lado de Gabriel — sugeriu-nos o incansável amigo.

---

6. Refere-se a passagem do livro *Comunidade educacional das trevas*. Lúmen Editorial (N.M.).

Atendendo ao aconselhamento do amigo, separamo-nos, e cada qual tomou seu destino.

Entrei no cubículo onde estava instalado Gabriel. Percebi a gravidade de seu estado físico. O corpo era constantemente sacudido por uma respiração difícil, estertorosa. Estava lívido e umedecido por um suor de odor acre e cor amarelada. A enfermeira se aproximou e alertou o médico de plantão, que naquele momento era Toni, sobre a grave bradicardia que sofria o coração do doente. Este se aproximou e tocou de leve e com carinho a mão do enfermo.

– Ah, esse amigo está se preparando para partir em busca da continuação desta vida. Vamos orar por ele.

Diante do pedido carinhoso do médico, a enfermeira, uma senhora de aparência doce e serena, abaixou a cabeça, fechou os olhos e orou com emoção a prece que nosso irmão Jesus nos ensinou.

Gabriel, em espírito, encontrava-se quase totalmente desligado do corpo material. Em profundo estado de perturbação mental, repetia sem interrupção a ideia que se lhe fixara no pensamento:

– Preciso me vingar! Preciso me vingar!

A seu lado, apesar dos esforços e das orações de amigos dos dois planos, estavam os desafetos, prontos para remetê-lo a um mundo ainda ignorante do Bem Maior.

Pentesileia, agora ao lado da cama hospitalar, observava fixamente os pontos de ligação ainda presentes entre a matéria tão frágil naquele momento e o perispírito, agasalhando uma mente presa a terríveis momentos de uma história dolorosa. Aproximei-me da infeliz criatura, que apresentava a cada momento mais e mais deformações na forma perispiritual, e, com o coração transbordante de verdadeiro afeto, toquei as mãos doloridas com delicadeza. Assustada, ela tentou se furtar ao toque de afeto.

– Não tema. Apenas me permita aliviar essa dor terrível que anda lhe roubando a paz.

– De que dor está falando, seu verme prepotente? – Desferiu-me densa carga energética que assumia formas desordenadas, semelhantes aos sentimentos de tão sofrida criatura.

– Da dor que a afasta da felicidade e que se reflete de maneira tão cruel em sua forma humana abençoada – respondi, afetuoso.

– Não reconheço do que está falando. Vivo para este momento, e não conseguirei manter-me viva se fracassar. Entenda que não conseguirá desviar-me do caminho que tracei – respondeu, demonstrando terrível cansaço, que a posição envergada do corpo e a debilidade da voz denunciavam.

– Percebo que sucumbe aos poucos a essa dor, que é provocada por esses mesmos compromissos. Apenas se refaça dessa fraqueza e talvez consiga encontrar novas soluções – sugeri com serenidade.

A criatura olhou-me com escárnio e disse entredentes:

– Sei exatamente o que pretende. Mas tenho outras formas de me fortalecer.

Dizendo isso, emitiu um som agudo e desagradável, que ressoou pelo ambiente, fazendo estremecer os espíritos que a temiam. De imediato, um grupo de amazonas apareceu, portando nas mãos estranhos recipientes que, abertos, liberaram densa nuvem energética, que foi aspirada pela comandante daquela falange de espíritos que se aproximavam da demência insana provocada pelas mentes em trevas.

Sentindo-se mais forte, olhou-me com sarcasmo.

– Espera de fato que em determinado momento, em futuro próximo, sucumbirei a seu chamado?

– Você sabe que no mundo de nosso Pai o limite está eminente. E, com a bondade com que nos cuida, não permitirá que a irmã alcance perigoso estado de demência – tornei, firme.

– Acredita mesmo que permitirei que me roubem a liberdade? – afrontou-me com fúria.

– Certamente que nossa liberdade nunca nos será roubada, mas apenas suspensa até o momento em que nossa mente alcance certa lucidez dos males que a nós mesmos provocamos.

– Você está me ameaçando, seu verme maldito? – gritou, em desesperado momento de raiva.

– A irmã sabe que não, apenas a alerto sobre a oportunidade de modificar seu caminho, espontaneamente, participando ativa de cada novo momento de felicidade. No mundo de nosso Pai não há afrontas, apenas oportunidades de refazer o caminho – redargui com serenidade.

Então ela apenas me fitou. Notei certa perturbação em seu semblante, e, de modo inesperado, ela se lançou sobre o corpo de Gabriel. Com fúria animalesca, agarrava-se aos tênues fios de energia que ainda o prendiam ao corpo físico, tentando arrancá-los como a uma erva daninha. Gabriel, sentindo essa dolorosa aproximação, agitou-se e afastou-se abruptamente do corpo, provocando assim o desligamento final. Perturbado, olhou ao redor e, com expressão enlouquecida, encontrou os olhos de Pentesileia. Alucinado, atirou-se sobre a amazona, que reagiu com a mesma fúria. E os dois adversários saíram do ambiente hospitalar engalfinhados como dois animais em fúria cega. Pudemos apenas observar, compadecidos de tamanho desequilíbrio e sofrimento.

Neste momento, sob o comando mental da triste amazona, a legião que se encontrava sitiada nas cercanias do hospital e da casa espírita voltou à cidadela.

Toni fitou a enfermeira e falou, a voz embargada:

– Terminou! Pode anotar o horário da morte do paciente na ficha, por favor?

O médico olhou aquele corpo inerte e pensou entristecido: "Chego a ficar triste por ter vidência em momentos assim. Preferia muitas vezes não presenciar esses dolorosos momentos de desequilíbrio". Parou, respirou fundo e prosseguiu: "O que estou dizendo, Pai? Essa é bendita ferramenta para esse seu filho ainda tão incompreensivo! Devo orar em benefício desses irmãos, apenas isso. Agora, é só o que posso fazer. Preciso falar com Tiago; ele vai precisar de nosso apoio".

Toni encaminhou-se para o quarto onde sabia que encontraria Flor e Tiago aguardando notícias de Alice e Júnior.

– Toni, está tudo bem? – indagou Flor, demonstrando aflição na voz trêmula.

– Com Alice e Júnior, sim – tornou o médico, encarando com compaixão o rapaz que se encontrava deitado na cama hospitalar, recuperando-se da cirurgia que havia sofrido há poucas horas.

– Houve alguma coisa com meu pai. Sinto que ele não está mais entre nós – expressou Tiago, abaixando a cabeça com lágrimas nos olhos.

– Sinto muito, Tiago. Fizemos tudo o que pudemos, mas o coração de Gabriel estava muito fraco e o acidente debilitou mais ainda seu corpo fragilizado – disse Toni, acolhendo o rapaz em confortador abraço.

Flor juntou-se a eles e, com palavras amigas de conforto, convidou-os a orar por Gabriel. Maurício, que se encontrava junto de Tiago, auxiliando os amigos espirituais a se aproximarem nesse doloroso momento, olhou-me com emoção. Senti em meu coração a amável energia que emanava do mais puro sentimento desse amigo de caminhada.

Ana olhava por Alice e Júnior, auxiliando os amigos socorristas dessa bendita casa de saúde a manter clima energético de elevada qualidade, beneficiando assim a evolução do tratamento recebido por Júnior, como também a recuperação do organismo de Alice, acomodada em uma sala de recuperação.

Senti em meu peito que tudo se encaminhava para um desfecho feliz, repleto de esperanças. Mentalizei prece de agradecimento ao Pai, e fui acompanhado por esses amigos amorosos que nos fortalecem o ânimo nos instantes em que mais necessitamos.

25

Redenção, e um pouco mais

895. À parte os defeitos e os vícios sobre os quais ninguém enganaria, qual é o indício da imperfeição?
O interesse pessoal. As qualidades morais são geralmente como a douração de um objeto de cobre, que não resiste à pedra de toque. Um homem pode possuir qualidades reais que o fazem para o mundo um homem de bem; mas essas qualidades, embora representem um progresso, não suportam em geral a certas provas e basta ferir a tecla do interesse pessoal para se descobrir o fundo. O verdadeiro desinteresse é de fato tão raro na Terra que se pode admirá-lo como a um fenômeno, quando ele se apresenta. O apego às coisas materiais é um indício notório de inferioridade, pois, quanto mais o homem se apega aos bens deste mundo, menos compreende o seu destino. Pelo desinteresse, ao contrário, ele prova que vê o futuro de um ponto de vista mais elevado.

(O Livro dos Espíritos – Livro III – As Leis Morais – Capítulo XII – Perfeição Moral – Item I – As Virtudes e os Vícios)

Após os trâmites legais para a liberação do corpo de Gabriel, foi decidido com Tiago que não haveria velório, visto já ter se passado muitas horas. O corpo foi encaminhado ao crematório da cidade, como constava das instruções deixadas por Gabriel, junto ao serviço funerário já contratado por meio de planos oferecidos aos usuários.

Toni liberou Tiago para acompanhar simples cerimônia religiosa, momento em que nos dispusemos a orar por nosso irmão. Notamos, ao nos aproximar do pequeno grupo, Toni, Flor, Alice e Tiago, que estes, apesar dos últimos acontecimentos traumáticos, mantinham o coração livre de ressentimentos e repleto de bons sentimentos.

Durante a cerimônia, percebemos a presença de Pentesileia, que observava a tudo, demonstrando no semblante indignação e surpresa em relação à atitude daqueles que, segundo o próprio entendimento, deveriam se sentir rancorosos e nutrir triste intenção de vingança.

Aproximamo-nos da triste figura, que nos olhou com rancor, focalizando por fim a atenção em Ana.

– Você não cumpre nunca suas promessas?

– Peço perdão a minha irmã por ter saído das masmorras sem o seu consentimento, mas minha presença junto a esses amigos era mais importante; porém, se me autorizar, poderei voltar em sua companhia.

– Faça o que quiser! Não me importo mais, tenho um novo brinquedo – soltou com sarcasmo, rindo descontroladamente.

Pentesileia caminhou em direção à cidadela e Ana a acompanhou, acenando-nos com sereno sorriso nos lábios. Maurício e eu as seguimos de perto e em silêncio, mais uma vez agradecendo a Deus a oportunidade de vivenciar essa fantástica experiência de vida.

À entrada da cidadela, notamos grande movimentação das habitantes. Estavam atentas e portando estranhas armas. Os rostos apresentavam estranhos símbolos pintados de vermelho. As vestes eram pesadas e negras, e todas portavam denso manto energético que as envolvia como uma segunda pele.

Anerusa, sacerdotisa da comunidade, dirigiu-se a Ana.

— Não nos decepcione novamente. Vá e se vista de acordo para essa ocasião.

Ana, em sinal de humildade, abaixou a cabeça e anuiu em afirmação; então, dirigiu-se a um edifício de aspecto peculiar e assombroso, pois, se olhássemos atentamente, poderíamos perceber que retratava cenas de combates sangrentos da história da humanidade. Em um primeiro olhar, pudemos identificar caricaturas de Adolf Hitler e Napoleão Bonaparte, carrascos da humanidade, como também mulheres que se sobressaíram, como Hatshepsut, primeira mulher faraó do Egito, e Cleópatra, a rainha egípcia que usou inteligência e sensualidade para se manter no poder. Intrigado, perguntei a querido amigo que nos acompanhava nessa empreitada:

— Não há aqui uma dualidade de comportamento? A cidadela é de população feminina, e odeiam os representantes do sexo masculino. Mas esse edifício parece-me ser um tributo a personagens masculinos da história da humanidade.

— No entendimento dessas mulheres, as Amazonas da Noite, eles são a representação da mediocridade dos representantes masculinos. Se observarem bem, verão a sobreposição de rostos femininos, que são das respectivas companheiras. Elas as veneram como aquelas que, por meio de inteligência arguta, e muitas vezes não bem-intencionada, conduziram da maneira que quiseram esses estadistas.

— Como é confuso o raciocínio dessas criaturas! Quanto sofrimento ainda há em seus corações, que acaba por se refletir em tudo que tocam — tornei, penalizado.

— O que me consola, e não me permite alimentar pensamentos negativos, é a certeza de que tudo está certo. Por mais desequilíbrios que possa presenciar, hoje, observando e vivendo esses benditos trabalhos socorristas, sei que cada um de nós está experienciando as próprias escolhas, e que as consequências são o que nos fará refletir sobre o sofrimento ou a felicidade — completou Maurício.

Nesse instante, Ana saiu do estranho edifício. Embora vestida como amazona, destoava do grupo, pois seu amor e fidelidade a uma nova realidade, já absorvida conscientemente por seu coração e mente, manifestavam-se por meio de energia peculiar que resplandecia como a lua prateada nas noites de escuridão. Caminhava a passos largos e firmes. Fitou-nos e sorriu com serenidade.

Sua voz cristalina e límpida irrompeu na noite escura. As notas da linda canção ecoavam em nosso coração e, emocionados, a acompanhamos em direção à grande praça. À sua passagem, intensa luz afugentava as trevas, e miasmas, semelhantes a horripilantes vermes, transmutavam-se em doce energia que se somava a uma nova ordem de sentimentos; conforme a amiga Ana se movimentava entre as hordas de sofrimento, algumas daquelas criaturas a reconheciam de outra época e, estupefatas, deixavam-se enternecer pelo novo ser que as acolhia e envolvia em dúlcidas vibrações de amor e carinho. Irmãos socorristas, já preparados para esse instante de redenção, deslocavam-se de um a outro lugar, auxiliando aquelas criaturas que cediam ao amor do Pai.

Ana continuava a caminhada. Chegando à praça, onde se reuniam as Amazonas da Noite, dirigiu-se a um palanque montado no centro. Gabriel ali se encontrava, amordaçado e imobilizado por espessa nuvem energética que nos pareceu um enorme réptil enrolado ao infeliz. Subindo ao estranho palco, a querida amiga posicionou-se ao lado de Gabriel que, inquieto com as sensações de bem-estar que lhe chegavam ao campo vibratório, tentou visualizar o que havia de diferente. Contudo, as trevas que o envolviam o cegavam para a luz do amor e do perdão.

Anerusa, inquieta, percebendo o que ocorria, e temerosa da reação da comandante, ordenou de imediato a um grupo de amazonas que fossem buscar Pentesileia com a mensagem expressa do "perigo" que as ameaçava.

Observávamos encantados a ação do bem sobre as trevas profundas da ignorância moral. Vimos seres em avançado estado de demência levantar os olhos para a luz bruxuleante – consciência enegrecida que acordava aos primeiros sintomas do amor incondicional de nosso amoroso Pai de perdão. Notamos seres, tomados por estranha ira, cederem às primeiras florescências do perdão, e observamos a ira insana de uma mulher atormentada pela dor, nascida do desencontro e da rejeição, ser o caminho da renovação espiritual.

Maravilhado por esse panorama de renascimento, eu e meus companheiros das lides amorosas sentimo-nos renovados e abençoados por termos condições de enxergar além da matéria visível. Fortalecidos, passamos a nos movimentar e fazer parte ativa das fileiras de trabalhadores do Pai.

No estranho centro daquela praça, Ana levantou os braços com firmeza e serenidade. A turba enlouquecida se calou e passou a observá-la com curiosidade.

– Agradeço a Deus este momento de renovação que podemos vivenciar. Hoje é um dia especial para meu coração. Estou aqui, entre irmãs, com as quais vivenciei importantes momentos de minha vida. Foi um período em que muito sofri, devido à visão restrita da própria vida e do que andava acontecendo; mas, também, foi um período de muitas descobertas benéficas que, naquele momento de desequilíbrio, auxiliaram-me a superar a dor que se apresentava em minha mente, tão profunda e nebulosa, que acreditei não ter condições de vencer meus limites de sofrimento. Foi com o auxílio de vocês, minhas adoráveis irmãs, que consegui ultrapassar e superar esses momentos. Foi o apoio e a crença em cada uma de vocês que me fortaleceu e ajudou a estar hoje aqui, ao lado dessa abençoada comunidade, voltando a acreditar na excelente virtude da fidelidade. Em nossa convivência experimentada e provada, há fidelidade, ainda que de maneira confusa, avalizando sentimentos mesquinhos e negativos, mas já se trata de um ensaio de amor e companheirismo. Devo a vocês, irmãs queridas de meu coração, a oportunidade de minha atual felicidade, e estou aqui estendendo as mãos com carinho e fraternidade, para que nelas possam se apoiar como o arrimo que vai sustentá-las nesse exercício doloroso, no início, de mudar o rumo dos pensamentos e passos. Deem a si mesmas essa oportunidade; apenas peço que estendam as mãos e sintam em seus corações o bem no qual me acho envolvida neste instante. Estendam as mãos em direção ao firmamento e permitam que suas mentes possam enxergar e sentir o amor que nosso Pai nos destina.

E então Pentesileia entrou na praça dos horrores e, em passos firmes, dirigiu-se a Ana, gritando descontrolada e emitindo estranha radiação de densas energias, que mais se assemelhavam a vermes enegrecidos e tresloucados. Ana, revestida por sublime luz, ao ser tocada por esse horror produzido por uma mente em sofrimento, transformava tudo em delicadas pétalas de luz, que, ao tocar aqueles espíritos sofridos, acalmava-os e os auxiliava a adormecer serenamente.

Irada e desvairada, a comandante das amazonas transmutava a matéria perispiritual e assumia estranhas formas animalescas, que se modificavam a cada passo, trazendo horror e pânico entre as seguidoras. Ao chegar diante de Ana, sua forma humana não mais podia ser identificada. Pareceu-nos uma massa amorfa, que se debatia e urrava, sem que conseguíssemos entender seus lamentos e imprecauções. O rosto de Ana, banhado de lágrimas e compaixão, expressava todo o sentimento daquele momento. Intensa luz originada no mais puro dos sentimentos irradiava de todo o seu ser e alcançava a antiga companheira de desvarios, que cedia, enfim, à própria dor. Pentesileia desabou no chão frio como se não mais aguentasse o peso do sofrimento. Compadecida da infeliz, Ana sentou-se no solo e a abraçou com carinho. Sussurrava-lhe coisas com mansuetude. A infeliz irmã, presa às próprias dores, foi se acalmando e deitou a cabeça disforme no colo de Ana, adormecendo de imediato.

Ana nos olhou com emoção e disse, entre sentidas lágrimas de alegria:

– Obrigada, meus amigos. Agora vou levar minha irmã ao lugar ideal à sua recuperação. Peço a vocês que atendam a essas criaturas que ainda permanecem na escuridão da própria mente adoecida.

Atendendo ao pedido de nossa querida companheira, passamos a nos movimentar entre a multidão de sofredores.

Compadecido, olhei para Gabriel, que tateava na escuridão de sua mente, semelhante ao cego abandonado à própria sorte em um ambiente estranho. Toquei com suavidade seu ombro.

– O amigo permite que eu o auxilie?

Demonstrando o terrível pavor de que era dominado, agarrou-se ao meu corpo, e soluçava em descontrole, balbuciando palavras desconexas. Maurício se aproximou e pediu a ele que se acalmasse, pois seria encaminhado a uma casa de socorro, lugar onde receberia tratamento adequado às suas dores. O triste irmão acalmou-se e permitiu o socorro que lhe era oferecido.

Percebi, naquele momento, quanto a humanidade se desviou de seu caminho, quantos desatinos cometidos em nome do orgulho e da vaidade. Olhava para aqueles rostos deformados pela dor, tentando entender os sentimentos daquelas criaturas através do espelho da alma: os olhos. Comovido, mais sentia do que visualizava a dor da rejeição, da humilhação, do desrespeito, do desamor de que a maioria daquelas mulheres era vitimada. Quantas atrocidades cometidas contra esses espíritos abrigados em formas femininas! Comportamentos desequilibrados as haviam lançado nesse mar de iniquidades, originados em costumes sociais baseados em preconceitos terríveis.

Agora estávamos ali, a socorrer a dor para que, por meio da verdadeira compaixão, que se traduz no amor tolerante, paciente e humilde, em futuro breve, aquelas criaturas pudessem sentir nos corações o doce sentimento da esperança, que se manifesta sempre no exercício da fé raciocinada.

Lembrei-me de pequenas palestras que fazia nas casas espíritas, ou mesmo de conversas mantidas com confrades, sobre a importância da educação para a humanidade; e, hoje, no mundo dos espíritos, percebo que é muito mais importante do que poderia supor ou imaginar. A humanidade somente vai se livrar do sofrimento quando erradicar do planeta a ignorância dos verdadeiros valores da vida para a vida. E um caminho certo para esse feito é a intelectualização, a aquisição de conhecimentos que nos auxiliem a entender o mundo ao redor, do microcosmo ao macrocosmo, dessa maneira nos localizando em nosso *habitat*; e também o rico mundo interior de sentimentos dos espíritos que por aqui desfrutam experiências comuns a todos, e tão pessoais e importantes. Devemos entender o equilíbrio que reina em todo o Universo como a obra de um Pai que nos cuida ininterruptamente.

Olhava ao redor e sentia a necessidade de conhecer através do estudo sério o ser integral, o cosmo magnífico e Deus, que a todos provêm em benefício de nossa origem divina, capacitando-me, assim, a melhores condições para colaborar com a transformação pessoal de cada um dos irmãos que porventura cruzasse meu caminho.

Após horas de trabalho incessante, reunimo-nos no posto de socorro, à entrada da cidadela. Oramos em agradecimento pelo bom andamento do trabalho socorrista, pela oportunidade de estarmos ao lado daqueles que já conseguiam auxiliar os mais necessitados e também por novas empreitadas através dos vales de dor.

Resolvi caminhar pelo posto assistencial repleto de socorridos. Ouvíamos gemidos e lamentos, mas neste instante percebi que não me incomodavam; pelo contrário, pareciam-me o som da esperança. Sorri entre lágrimas, alcançando ponto de observação que me permitia ver ao longe as imediações da cidadela.

Densas nuvens se aproximavam, denunciando eminente tempestade no mundo material. Elevei meu pensamento em busca de contato telepático com os trabalhadores desses eventos, pedindo autorização para observar. Logo veio a resposta afirmativa. Feliz, desloquei-me em meio à densa atmosfera e alcancei veículo de magnífico porte, semelhante ao zepelim. Fui recebido por querido amigo celestial, que me abraçou com saudades e carinho.

– Vinícius, querido companheiro, a saudade já se fazia matreira em meu coração – tornou ele bem-humorado.

– Também senti falta de nossas conversas. Não sabia que o amigo se encontrava nesses labores relacionados às intempéries climáticas – expressei com curiosidade.

– Sou apenas um observador. Deverei integrar um grupo de socorro que se valerá desse instrumento em benefício de uma comunidade bastante comprometida diante das leis morais; por essa razão, solicitei um período de aprendizado – replicou Aécio, esse era o nome de meu querido amigo.

– Em labor anterior[7] tive a oportunidade de presenciar trabalho semelhante ao que será realizado hoje. Contudo, o fenômeno foi mais intenso, chegando à condição de um tornado nível dois – informei ao amigo.

– Tive uma ideia. Sei que os responsáveis por essa caravana do Senhor estão arregimentando trabalhadores. Por que você e sua equipe não se juntam a nós? – sugeriu Aécio com animação.

– Do que trata esse evento ao qual se refere? – inquiri, bastante interessado.

– Vamos à cidade do Rio de Janeiro a pedido de companheiros encarnados que passam por momentos de muita aflição com os filhos adolescentes e jovens, até mesmo com sérios problemas de gravidez adolescente – explicou-me Aécio.

– Ah, a juventude! Quanto carinho brota em meu coração por esses filhos da inconsequência. Falarei com meu grupo de trabalho e pedirei autorização para nos juntarmos a vocês – disse, bastante emocionado.

– Veja! O fenômeno está em ponto crítico. O trabalho das equipes vai começar – alertou-me o amigo.

Passamos a observar a movimentação dos trabalhadores do Senhor. Espetáculo belíssimo de manifestação das forças da natureza, os clarões das descargas elétricas enfeitavam o céu encoberto por densas e escuras nuvens. Estranha caravana se aproximava, produzindo um som semelhante ao vento forte nas folhas das árvores. Uma canção distante e angelical envolvia nossos sentidos.

---

7. Vinícius refere-se a trabalho realizado e contado no livro *Comunidade educacional das trevas*. Lúmen Editorial (N.M.).

Sentia-me livre e feliz. Observei o rosto de outros, que, como eu, estavam ali a presenciar o fenômeno, notando que partilhávamos a mesma impressão.

Irmãos ainda demonstrando estarem em processo evolutivo de formação de aparência hominal, que lembravam o homem de neandertal, vinham montados em seus veículos de ação e reuniam nuvens como se reúne um rebanho; outros tantos liberavam energia de dentro de recipientes cilíndricos, semelhantes a raios, que provocavam intensa movimentação de partículas subatômicas, desencadeando assim o fenômeno meteorológico, uma tempestade tropical.

Irmãos desciam ao solo em missão de aproveitar a movimentação energética desencadeada pela tempestade e conduzir o fogo-fátuo em meio à matéria planetária. Espíritos ainda escondidos nos mais inusitados lugares, assustados, elegiam outro caminho em busca de socorro; socorristas já preparados para esse abençoado momento aguardavam munidos de amor, tolerância e paciência; estendiam os braços e agasalhavam a dor como a mãe socorre os filhos em sofrimento.

Comovido com tamanho espetáculo de amor e caridade, ajoelhei e levantei os olhos aos céus, e entendi com mais intensidade as palavras de Jesus: "Na casa do Pai tem várias moradas".

26
Abençoado cilício

> *907. O princípio das paixões sendo natural é mau em si mesmo?*
> *Não. A paixão está no excesso provocado pela vontade, pois o princípio foi dado ao homem para o bem e as paixões podem conduzi-lo a grandes coisas. O abuso a que ele se entrega é que causa o mal.*
>
> *(O Livro dos Espíritos – Livro III – As Leis Morais – Capítulo XII – Perfeição Moral – Item II – Das Paixões)*

Algum tempo se passou, e a vida, tomando o curso natural, foi assentando dores e abrindo caminho para a felicidade.

Logo após o desencarne de Gabriel, Tiago resolveu afastar-se de todos, aceitando o convite do irmão de sua mãe, que morava no Canadá. Aproveitou a oportunidade e deu continuidade ao sonho de estudar medicina. Sua mãe foi transferida para uma casa de saúde, nesse mesmo país, e acabou por conseguir certo equilíbrio mental, que lhe permitia viver com liberdade assistida, e demonstrava promissora melhora.

Eduardo, arrependido de seus crimes, consciente da gravidade dos últimos acontecimentos, resolveu modificar a própria vida. Após muita reflexão e aconselhado pelos novos amigos e filhos, chegou à conclusão de que não seria benéfico entregar-se à justiça, pois sabia que, no momento em que fosse preso, sua vida correria perigo. Concluiu que, se se mudasse para uma cidade pequena e distante, com disposição ao trabalho cristão e perseverante, estaria recuperando parte dos desatinos cometidos.

Assim fez. Aplicado em seus objetivos, traçou metas para a recuperação moral, e uma delas foi dedicar-se ao estudo do evangelho de Jesus e das obras básicas kardecistas. Hoje, é fundador de pequena casa espírita que se dedica a levar a uma pequena comunidade esclarecimento e caridade, por meio de belíssimo projeto assistencial, no qual é apoiado por Celina, sua atual esposa. Recebe, esporadicamente, a visita dos filhos queridos, Júnior e Alice, e também dos amigos Flor e Toni.

Flor e Toni se casaram e têm uma linda filha de nome Rosa, que trouxe alegria e paz à família.

Alice nunca mais teve notícias de Tiago, mas seu coração ainda pertencia ao moço. Ela sonhava encontrá-lo de novo, para que pudessem ter a oportunidade de desfrutar de uma vida juntos.

Certo dia, caminhando por grande livraria, sentiu o coração dar enorme salto. Avistou Tiago, um homem alto e forte, diferente do adolescente do qual se lembrava com tanto amor, mas os olhos eram os mesmos. Embargada, levou as mãos ao rosto afogueado pela intensa emoção e, trêmula, viu que ele se aproximava sorrindo.

— Alice? – perguntou Tiago, também emocionado, estendendo as mãos em sua direção.

— Tiago? – devolveu-lhe a pergunta, estendendo as mãos e tocando com suavidade as do rapaz.

Ficaram se olhando por longos momentos. Rosa, que se encontrava na companhia de Alice, aproximou-se.

— Mãezinha, quem é esse moço?

Tiago abaixou os olhos e empalideceu.

— Você se casou? É sua filha? – perguntou.

— Não! Esta linda garota é minha irmã, Rosa. E insiste em chamar-me dessa maneira. Ela é filha de Flor e de Toni. O que foi, meu bem?

— Posso ouvir aquela senhora contar histórias? Ela me convidou.

— Pode sim, minha Rosinha, mas não saia dali, está bem?

A menina, contente, correu em direção ao pequeno grupo de crianças que, sentadas ao chão da livraria, ouviam uma contadora de história narrar com maestria um conto infantil.

Sensivelmente aliviado, Tiago sorriu e, com delicadeza, acariciou o rosto de Alice.

— Durante todos esses nove anos em que estive fora, a única forma de permanecer lúcido foi pensar em você a cada instante.

— Por que foi embora? Por que não ficou aqui conosco? – indagou Alice, com lágrimas escorrendo pelo delicado rosto.

— Senti muita vergonha pelo comportamento de meu pai, e precisei colocar as ideias em ordem. Nunca imaginei que ele fosse uma pessoa tão doentia. – Cabisbaixo e constrangido, mas demonstrando o intenso sentimento pelo qual se via invadido, Tiago continuou: – Não sei se ainda tenho alguma oportunidade de fazer parte da sua vida, mas, neste instante, é o que mais quero. Cheguei hoje do Canadá e fiquei em frente à casa de Toni, rezando para que ele ainda morasse lá. Depois de horas ali parado, vi você saindo de carro e a segui. A sensação que tive ao ver seu rosto através do vidro é que o tempo havia parado, e que meu coração fosse explodir dentro do peito. Eu a amo muito e não consigo mais ficar longe de você. Contudo, se não for o que você quer, se tiver alguém em sua vida que a faz feliz, eu viro as costas e vou embora, orando para que fique sempre bem.

Alice o observava com encanto. Os olhos, antes tristes, espelhavam agora o intenso amor que sempre dedicara ao rapaz. Com carinho, levantou as mãos e tocou o rosto de Tiago, atraindo-o para si. Beijou-o com o amor que lhe transbordava do coração. Tiago abraçou-a e permitiu que silencioso pranto de alívio banhasse seu rosto expressivo.

– Nunca namorei ninguém a não ser você; nunca consegui olhar para outro homem, pois sabia que acabaria por procurá-lo em cada um deles. E isso não seria justo nem honesto. Decidi que, se não o tivesse em minha vida, procuraria dedicar esse amor a fazer o bem para a humanidade – tornou Alice, com firmeza e carinho.

– Também não tive ninguém em minha vida – esclareceu Tiago. – Dediquei esses anos ao estudo da medicina; especializei-me em infectologia e, até o mês passado, meu único projeto era ser médico missionário no continente africano.

– Você mudou de ideia? – indagou Alice, bastante curiosa.

– Vi uma fotografia de três médicos que desenvolvem um estudo sobre doenças geneticamente transmissíveis em uma revista médica, e um deles era você. Foi assim que descobri que também estudou medicina. Depois desse dia, não consegui mais ter planos nem tocar minha vida como fazia antes. A partir de então, meu único projeto passou a ser encontrá-la – explicou Tiago.

– E seu eu for com você para a África?

Tiago olhou-a com admiração.

– Parece que nunca estivemos longe – confessou-lhe.

– Em meu coração – abriu-se a moça – você sempre esteve presente, e agora não irei mais admitir sua ausência. Ah, em breve teremos mais um médico com os mesmos propósitos.

– Eduardo, seu irmão? – inquiriu Tiago.

– Ele mesmo. Já frequenta o último ano de residência, e pretende se especializar em cirurgia geral – tornou a adorável moça.

– Que maravilha! Estaremos juntos – exclamou Tiago.

– Onde está hospedado?

– Ainda estou com as malas no carro que aluguei no aeroporto. Logo em seguida fui à casa de Toni. Você ainda mora com eles?

– Não. Tenho um pequeno apartamento perto do *campus* universitário onde estudo e trabalho. Você ficará comigo – decidiu Alice.

– Vou adorar. Temos muito que conversar, inclusive correr atrás das papeladas.

– Papeladas?

– Do casamento, ou você acredita que vou correr o risco de perdê-la novamente? – brincou Tiago, fitando-a.

– Você nunca me perdeu, e sabe disso.

– Mesmo assim... Quanto tempo demoram os trâmites para casarmos?

– Não tenho ideia, mas vamos descobrir?

Três meses se passaram! Um tempo de alegria e reajustes para Alice e Tiago. Hoje será realizado o casamento dos jovens.

Espíritas há vários anos, optaram por uma reunião de amigos após a cerimônia civil. Maurício veio nos convidar para participarmos desse alegre momento.

– Olá, amigos. Que bom encontrá-los juntos. Hoje, Alice e Tiago se casam. A cerimônia civil deve acontecer às onze horas da manhã, e, após, todos deverão se reunir na casa de Toni e Flor para um almoço festivo. Vamos até lá?

Ineque, Ana e eu concordamos em aceitar o convite do jovem amigo, e logo nos colocamos a caminho.

Chegamos ao local da cerimônia civil e percebemos que havia um grande número de amigos de Alice e Tiago, da época do ensino médio. O clima era de paz e serenidade; pairava no ar um doce perfume de flores, e notamos outros tantos amigos espirituais desses adoráveis companheiros encarnados, que por lá também aportaram para somar seus desejos de felicidade e realizações pessoais.

Um jovem se aproximou de nosso grupo e perguntou:

– Você é o Vinícius?

– Sou sim, meu jovem.

– Eu sou Jorge. Meus avós falavam muito de suas Tertúlias Evangélicas realizadas na Federação Espírita do Estado de São Paulo. Você os inspirou a adotarem a Doutrina dos Espíritos como diretriz em suas vidas.

Abracei o amável rapaz e agradeci, emocionado, a informação benéfica.

– Obrigado pelas palavras. Esta encarnação a que o jovem se refere foi para mim um divisor de águas. Através da vivência e do aprendizado dos conceitos morais espiritistas, tornei-me mais firme em minhas decisões e propósitos, e saber que inspirei a outros tantos um novo caminho de amor me faz muito feliz.

– Eu é que agradeço, pois tivemos a felicidade de ser educados dentro de uma casa espírita, graças à sua boa vontade em partilhar descobertas. Minha irmã, ainda encarnada, é oradora espírita e estuda os livros que você escreveu quando encarnado[8] para se desenvolver nas palestras que dá.

– Muito obrigado por essas informações. Elas farão parte de minha memória e servirão como estímulo a esse espírito ainda tão imperfeito, para que possa ser mais firme e persistente no trabalho cristão.

Feliz, procurei um canto em belíssimo jardim que circundava a casa, que ora abrigava o Tabelionato Cível, onde seria realizado o casamento. Ana se aproximou e, gentil, comentou:

– Esses momentos são muito importantes para nós. Ainda precisamos de provas que nos mostrem que estamos no caminho certo.

– Sei disso, minha amiga. E estou aqui em colóquio com o Pai amado, agradecendo sua constante intervenção, que apenas visa nos mostrar o resultado de nosso esforço em perseverar em um caminho que muitas vezes nos parece indefinido.

– Sentia alguma insegurança, Vinícius? – questionou-me a suave criatura.

– Estava auxiliando caro amigo a socorrer sua família, ainda no plano material, e o desenlace da história deixou-me entristecido. Pareceu-me que nosso auxílio não frutificou em meio à insensatez humana.

– Está me parecendo um raciocínio imediatista, não é?

– Tem razão! Falar sobre o caso me fez ver que o trabalho não terminou. Logo após o casamento irei ter com Augusto e proporei a ele um novo rumo na história inacabada.

---

8. De sua bibliografia destacamos os livros *Em torno do Mestre*, *Na seara do Mestre*, *Nas pegadas do Mestre*, *Na escola do Mestre*, *O Mestre na educação* e *Em busca do Mestre*, obras de marcante relevância no campo da divulgação evangélico-doutrinária (N.M.).

— Posso ajudar?
— Será bem-vinda. Vamos trabalhar em benefício da juventude, em especial, uma jovem de treze anos que se encontra grávida.
— Estaremos juntos.

Maurício e Ineque se aproximaram e logo se propuseram também a auxiliar Raquel, a jovem mãezinha que iríamos socorrer.

A cerimônia civil terminou e acompanhamos a caravana de amigos em direção à casa de Toni e Flor.

Sandra comprometeu-se a fazer pequena palestra em benefício dos noivos, ressaltando a importância do amor e do respeito às diferenças de cada um a respeito do uso da inteligência, que nos auxilia a somar experiências e a não castrar a liberdade do outro. E terminou convidando todos a um momento de vibração em benefício do casal, orando a prece que nosso mestre Jesus nos ensinou.

O ambiente festivo deixou todos com excelente impressão de felicidade, liberdade e ação benéfica.

No dia seguinte, Alice e Tiago embarcaram em um avião rumo a uma nova vida. Juntos, iriam trabalhar em benefício de uma população que vivia dolorosos momentos de redenção, minimizando sofrimentos e colaborando para bem-vindo processo de reeducação de espíritos comprometidos com a vida.

Ineque veio nos encontrar e, feliz, informou-nos que nossos jovens amigos seriam acompanhados por uma equipe de boníssimos amigos espirituais, que vinham se aprimorando nas ciências médicas, visando minimizar sofrimentos e auxiliar na recuperação moral e perispiritual de irmãos ainda na retaguarda da vida. E também que uma parte das irmãs socorridas na cidadela receberia a bênção de encarnações compulsórias, curtas e limitadas, sendo amparadas por singelo hospital que seria construído com o esforço de Alice e Tiago. Emocionados, abraçamo-nos e oramos em benefício da humanidade, ainda tão carente de redenção.

Tomando *O Evangelho Segundo o Espiritismo* em minhas mãos, procurei formosa lição, encontrada no Capítulo V, item 26, intitulado "Provas voluntárias e verdadeiro cilício":

Perguntais se é lícito ao homem abrandar suas próprias provas. Essa questão equivale a esta outra: É lícito, àquele que se afoga, cuidar de salvar-se? Aquele em quem um espinho entrou retirá-lo? Ao que está doente, chamar o médico? As provas têm por fim exercitar a inteligência, tanto quanto a paciência e a resignação. Pode dar-se que um homem nasça em posição penosa e difícil, precisamente para se ver obrigado a procurar meios de vencer as dificuldades. O mérito consiste em sofrer, sem murmurar, as consequências dos males que lhe não seja possível evitar, em perseverar na luta, em se não desesperar, se não é bem-sucedido; nunca, porém, numa negligência que seria mais preguiça do que virtude.

Essa questão dá lugar naturalmente a outra. Pois, se Jesus disse: "Bem-aventurados os aflitos", haverá mérito em procurar, alguém, aflições que lhe agravem as provas, por meio de sofrimentos voluntários? A isso responderei muito positivamente: sim, há grande mérito quando os sofrimentos e as privações objetivam o bem do próximo, porquanto é a caridade pelo sacrifício; não, quando os sofrimentos e as privações somente objetivam o bem daquele que a si mesmo as inflige, porque aí só há egoísmo por fanatismo.

Grande distinção cumpre aqui se faça: pelo que vos respeita pessoalmente, contentai-vos com as provas que Deus vos manda e não lhes aumenteis o volume, já de si por vezes tão pesado; aceitá-las sem queixumes e com fé, eis tudo o que de vós exige ele. Não enfraqueçais o vosso corpo com privações inúteis e macerações sem objetivo, pois que necessitais de todas as vossas forças para cumprirdes a vossa missão de trabalhar na Terra. Torturar e martirizar voluntariamente o vosso corpo é contrário a lei de Deus, que vos dá meios de o sustentar e

*fortalecer. Enfraquecê-lo sem necessidade é um verdadeiro suicídio.
Usai, mas não abuseis, tal a lei. O abuso das melhores coisas tem a sua
punição nas inevitáveis consequências que acarreta
Muito diverso é o que ocorre quando o homem impõe a si próprio
sofrimentos para o alívio do seu próximo. Se suportardes o frio e a
fome para aquecer e alimentar alguém que precise ser aquecido e alimentado e se o vosso corpo disso se ressente, fazeis um sacrifício que
Deus abençoa. Vós que deixais os vossos aposentos perfumados para
irdes à mansarda infecta levar a consolação; vós que sujais as mãos
delicadas cuidando de chagas; vós que vos privais do sono para velar à
cabeceira de um doente que apenas é vosso irmão em Deus; vós, enfim,
que despendeis a vossa saúde na prática das boas obras, tendes em tudo
isso o vosso cilício, verdadeiro e abençoado cilício, visto que os gozos do
mundo não vos secaram o coração, que não adormecestes no seio das
volúpias enervantes da riqueza, antes vos constituístes anjos consoladores dos pobres deserdados.*

*Vós, porém, que vos retirais do mundo, para lhe evitar as seduções
e viver no insulamento, que utilidade tendes na Terra? Onde a
vossa coragem nas provações, uma vez que fugis à luta e desertais do
combate? Se quereis um cilício, aplicai-o às vossas almas e não aos
vossos corpos; mortificai o vosso Espírito e não a vossa carne; fustigai o vosso orgulho, recebei sem murmurar as humilhações; fustigai o
vosso amor-próprio; enrijai-vos contra a dor da injúria e da calúnia,
mais pungente do que a dor física. Aí tendes o verdadeiro cilício cujas
feridas vos serão contadas, porque atestarão a vossa coragem e a vossa
submissão à vontade de Deus.*

(Um anjo guardião, Paris, 1863.)

27
Aurora

5. Chegastes ao tempo do cumprimento das coisas anunciadas para transformação da Humanidade. Ditosos serão aqueles que houverem trabalhado o campo do Senhor com desinteresse e sem outro motivo que a caridade! Os seus dias de labor serão pagos ao cêntuplo do que esperavam. Felizes serão os que tiverem dito aos seus irmãos: "Trabalharemos juntos e unamos os esforços, a fim de que o patrão encontre a obra acabada quando vier", pois ele dirá: "Vinde a mim, bons servos, que anulastes as invejas e discórdias para que a obra não sofresse". Mas, ai desses que, por causa de dissensões, houverem retardado a hora da colheita, pois a tempestade rebentará, e eles serão envolvidos no turbilhão! Certo, clamarão: "Piedade, piedade", mas o Senhor lhes responderá: "Como pedis piedade, quando não a tivestes para com os vossos irmãos, nunca lhes estendendo a mão, mas espezinhando o fraco, em vez de o amparar? Como rogais piedade, quando buscastes compensações nas alegrias terrenas e na satisfação do orgulho? Já recebestes a recompensa tal como a quisestes, e nada mais peçais. As recompensas celestes são para os que não preferiram as da Terra".

Neste momento Deus está fazendo a enumeração dos servos fiéis, e já assinalou os que apenas aparentam devotamento, a fim de que não

> usurpem o salário dos servos corajosos, pois somente aos que não recuarem diante da tarefa, vão ser confiados os encargos mais difíceis na grande obra da regeneração pelo Espiritismo, cumprindo-se a sentença: "Os primeiros serão os últimos, e os últimos os primeiros no Reino dos Céus".
>
> *(O Evangelho Segundo o Espiritismo – Capítulo XX – Trabalhadores da Última Hora – Item 5 – O Espírito de Verdade, Paris, 1862)*

Cada dia vivido no mundo dos espíritos é surpreendente, pois todas as informações que nos chegam parecem-nos muito mais coloridas, vibrantes e intensas. Vivo cada dia em constante estado de submisso agradecimento ao Pai. Muitas vezes, questionei essa palavra, *submisso*, e hoje ela tem um significado profundo e valioso para mim. Entendi que me submeter à vontade do Pai não é humilhar-me, mas sim acreditar em Sua bondade, sabendo o porquê dessa crença, como nos é aconselhado no *O Evangelho Segundo o Espiritismo*.

Continuo reflexivo e ainda me admiro com a simplicidade com que as situações mais difíceis e sofridas se resolvem. A cada dia percebo mais a verdade de nossa origem, como salientou Jesus, em apenas duas palavras, que projetam à humanidade profunda esperança: "Sois deuses".

Estou aqui sentado! Sentado em belíssimo gramado, pintalgado por minúsculas flores arroxeadas, ouvindo a algazarra alegre de um bando de maritacas que se preparam para o anoitecer. Olho para cima e enxergo o céu de azul profundo, enfeitado por nuvens brancas, que mais se assemelham a flocos de algodão. Esse mesmo lugar há pouco tempo foi a entrada da cidadela das Amazonas da Noite, lugar inóspito e triste. Mas a natureza, como nós, criaturas de Deus, se refaz a uma simples brisa de amor, e então florescemos em busca do sol maior em nossa vida.

Levantei o rosto, pressentindo a aproximação da querida amiga Ana. Ela chegou sorrindo, serena, caminhando lentamente, como a aproveitar cada sensação e cada sentimento que se fazia presente em seus pensamentos. Sentou-se a meu lado e estendeu a pequena mão, segurando a minha e dizendo:

– Sabe, meu amigo, sempre acreditei na fraternidade, mesmo enquanto morava por aqui, vivendo de mágoas e rancores. O desconforto por ainda alimentar essas viciações me incomodava muito. Hoje, sei que era a semente do Pai que germinava em meu espírito orgulhoso, cobrando-me o refazer da vida, a recuperação através de atitudes mais dignas e amorosas. Nessa nossa aventura fantástica, em que pude receber auxílio do Mais Alto, nas mais variadas formas, principalmente por meio da presença de amigos como você, Ineque, Maurício e tantos outros anônimos que concorreram para o sucesso deste trabalho, aprendi valorosa lição de fraternidade, a verdadeira forma de amor incondicional: lutar pela recuperação do passado, dessa maneira beneficiando àqueles com os quais nos comprometemos de modo doentio e obsessivo, lesando a nós mesmos, verdadeiros alvos de nossos descontroles.

– A vida se renova a cada dia, minha amiga. E quem sou eu no dia de hoje? Nada mais e nada menos do que produto de minhas escolhas. O Universo conspira pela nossa felicidade. Olhe a noite, que vem trazendo a escuridão que nos permite merecido descanso, mas também vem enfeitada por luzes que nos chegam de muito longe, como a dizer: somente a luz pode ocupar todos os espaços, pois as trevas habitam apenas a ignorância, por sinal relativa e temporária.

– Que felicidade! Poder entender esse belo conceito filosófico, impregnado da mais pura esperança de que amanhã sempre será melhor do que hoje, basta para que tenhamos disposição de enxergar além do visível.

Maurício também se aproximou e, pela expressão que trazia no rosto, notei que era portador de boas notícias.

– Ineque nos espera na casa espírita Caminheiros de Jesus; iremos ao continente africano visitar nossos amigos Tiago e Alice.

– Por quê? Algo aconteceu? – indagou Ana, demonstrando certa emoção.

– Eles estão ajudando uma jovem mãezinha em um parto muito difícil, que deverá culminar com seu desencarne – respondeu Maurício.

– É o nascimento de Aurora? – inquiriu nossa amiga, a voz trêmula.

– Isso mesmo, Aurora. Que lindo nome! – ponderou Maurício.

– Pentesileia... que agora será Aurora. Que oportunidade terá nossa amiga – comentei, também comovido.

Deslocamo-nos em direção a nosso destino. Apenas um acampamento de nômades, a sala de cirurgia toscamente montada em uma tenda acolhia os jovens médicos que lutavam para salvar a vida da mãezinha. Contudo, enfraquecida pela dura experiência desta encarnação, o corpo desnutrido e enfraquecido pelo esforço do parto ainda adolescente, Saiara desencarna, deixando nos braços de Alice e Tiago uma menina com visíveis deformações físicas e mentais. Alice abraça a criança com carinho e diz para Tiago:

– Ficaremos com ela. Sei que a conheço e pressinto aqui abençoada oportunidade de trabalho cristão.

– Podemos chamá-la de Aurora? Não sei por que, mas acredito que esse será o nome certo para nossa filha. Veja, o dia amanhece para a humanidade e para Aurora.

Tiago abraçou Alice e Aurora com carinho. Aproximamo-nos também, envolvidos pela emoção, e partilhamos desses adoráveis sentimentos.

O dia radioso amanheceu! A terra seca, judiada pelo sol escaldante sem a bênção da chuva, respondeu aos céus com um colorido alaranjado. Afastamo-nos do acampamento, paramos e nos voltamos para observar a paisagem. Admirados e felizes, vimos formoso raio de luz banhar o pequeno hospital improvisado. Ouvimos ao longe um coro de vozes angelicais entoando os mais sublimes sons. Voltamos a caminhar de mãos dadas, com alegria transbordando dos corações. Sentia-me leve; flutuávamos acima do solo. Ana olhou-nos e, feliz, sorriu para a vida. Gargalhou com entusiasmo e, estendendo os braços em direção ao sol, gritou alto:

– Obrigada, Pai, obrigada!

Fim.

Livros da médium Eliane Macarini
Romances do espírito Vinícius (Pedro de Camargo)

Resgate na Cidade das Sombras

Virginia é casada com Samuel e tem três filhos: Sara, Sophia e Júnior. O cenário tem tudo para ser o de uma família feliz, não fossem o temperamento e as oscilações de humor de Virginia, uma mulher egoísta que desconhece sentimentos como harmonia, bondade e amor, e que provoca conflitos e mais conflitos dentro de sua própria casa.

Obsessão e Perdão

Não há mal que dure para sempre. E tudo fica mais fácil quando esquecemos as ofensas e exercitamos o perdão.

Aldeia da Escuridão

Ele era o chefe da Aldeia da Escuridão. Mas o verdadeiro amor vence qualquer desejo de vingança do mais duro coração.

Comunidade Educacional das Trevas

Nunca se viu antes uma degradação tão grande do setor da Educação no Brasil. A situação deprimente é reflexo da atuação de espíritos inferiores escravizados e treinados na Comunidade Educacional das Trevas, região especializada em criar perturbações na área escolar, visando sobretudo desvirtuar jovens ainda sem a devida força interior para rechaçar o mal.

Leia os romances de Schellida!
Emoção e ensinamento em cada página!
Psicografia de **Eliana Machado Coelho**

Corações sem Destino
Amor ou ilusão? Rubens, Humberto e Lívia tiveram que descobrir a resposta por intermédio de resgates sofridos, mas felizes ao final.

O Brilho da Verdade
Samara viveu meio século no Umbral passando por experiências terríveis. Esgotada, consegue elevar o pensamento a Deus e ser recolhida por abnegados benfeitores, começando uma fase de novos aprendizados na espiritualidade. Depois de muito estudo, com planos de trabalho abençoado na caridade e em obras assistenciais, Samara acredita-se preparada para reencarnar.

Um Diário no Tempo
A ditadura militar não manchou apenas a História do Brasil. Ela interferiu no destino de corações apaixonados.

Despertar para a Vida
Um acidente acontece e Márcia, uma moça bonita, inteligente e decidida, passa a ser envolvida pelo espírito Jonas, um desafeto que inicia um processo de obsessão contra ela.

O Direito de Ser Feliz
Fernando e Regina apaixonam-se. Ele, de família rica, bem posicionado. Ela, de classe média, jovem sensível e espírita. Mas o destino começa a pregar suas peças...

Sem Regras para Amar
Gilda é uma mulher rica, casada com o empresário Adalberto. Arrogante, prepotente e orgulhosa, sempre consegue o que quer graças ao poder de sua posição social. Mas a vida dá muitas voltas.

Um Motivo para Viver
O drama de Raquel começa aos nove anos, quando então passou a sofrer os assédios de Ladislau, um homem sem escrúpulos, mas dissimulado e gozando de boa reputação na cidade.

O Retorno
Uma história de amor começa em 1888, na Inglaterra. Mas é no Brasil atual que esse sentimento puro irá se concretizar para a harmonização de todos aqueles que necessitam resgatar suas dívidas.

Força para Recomeçar
Sérgio e Débora se conhecem e nasce um grande amor entre eles. Mas encarnados e obsessores desaprovam essa união.

Lições que a Vida Oferece
Rafael é um jovem engenheiro e possui dois irmãos: Caio e Jorge. Filhos do milionário Paulo, dono de uma grande construtora, e de dona Augusta, os três sofrem de um mesmo mal: a indiferença e o descaso dos pais, apesar da riqueza e da vida abastada.

Ponte das Lembranças
Ricos, felizes e desfrutando de alta posição social, duas grandes amigas, Belinda e Maria Cândida, reencontram-se e revigoram a amizade que parecia perdida no tempo.

Obras de Irmão Ivo: leituras imperdíveis para seu crescimento espiritual
Psicografia da médium Sônia Tozzi

O Preço da Ambição
Três casais ricos desfrutam de um cruzeiro pela costa brasileira. Tudo é requinte e luxo. Até que um deles, chamado pela própria consciência, resolve questionar os verdadeiros valores da vida e a importância do dinheiro.

A Vida depois de Amanhã
Cássia viveu o trauma da separação de Léo, seu marido. Mas tudo passa e um novo caminho de amor sempre surge ao lado de outro companheiro.

A Essência da Alma
Ensinamentos e mensagens de Irmão Ivo que orientam a Reforma Íntima e auxiliam no processo de autoconhecimento.

Quando chegam as respostas
Jacira e Josué viveram um casamento tumultuado. Agora, na espiritualidade, Jacira quer respostas para entender o porquê de seu sofrimento.

Somos Todos Aprendizes
Bernadete, uma estudante de Direito, está quase terminando seu curso. Arrogante, lógica e racional, vive em conflito com familiares e amigos de faculdade por causa de seu comportamento rígido.

O Amor Enxuga as Lágrimas
Paulo e Marília, um típico casal classe média brasileiro, levam uma vida tranquila e feliz com os três filhos. Quando tudo parece caminhar em segurança, começam as provações daquela família após a doença do filho Fábio.

O Passado ainda Vive
Constância pede para reencarnar e viver as mesmas experiências de outra vida. Mas será que ela conseguirá vencer os próprios erros?

No Limite da Ilusão
Marília queria ser modelo. Jovem, bonita e atraente, ela conseguiu subir. Mas a vida cobra seu preço.

Renascendo da dor
Raul e Solange são namorados. Ele, médico, sensível e humano. Ela, frívola, egoísta e preconceituosa. Assim, eles acabam por se separar. Solange inicia um romance com Murilo e, tempos depois, descobre ser portadora do vírus HIV. Começa, assim, uma nova fase em sua vida, e ela, amparada por amigos espirituais, desperta para os ensinamentos superiores e aprende que só o verdadeiro amor é o caminho para a felicidade.

Obras da médium Maria Nazareth Dória
Mais luz em sua vida!

SAGA DE UMA SINHÁ (espírito Luiz Fernando - Pai Miguel de Angola)
Sinhá Margareth tem um filho proibido com o negro Antônio. A criança escapa da morte ao nascer. Começa a saga de uma mãe em busca de seu menino.

CANÇÕES DA SENZALA (espírito Luiz Fernando - Pai Miguel de Angola)
O negro Miguel viveu a dura experiência do trabalho escravo. O sangue derramado em terras brasileiras virou luz.

AMOR E AMBIÇÃO (espírito Helena)
Helena era uma jovem nascida e criada na corte de um grande reino europeu entre os séculos XVII e XVIII. Determinada e romântica, desde a adolescência guardava um forte sentimento em seu coração: a paixão por seu primo Raul. Um detalhe apenas os separava: Raul era padre, convicto em sua vocação.

SOB O OLHAR DE DEUS (espírito Helena)
Roberto é um maestro de renome internacional, compositor famoso e respeitado no mundo todo. Casado com Luiza, é pai de Angélica e Hortência, irmãs gêmeas com personalidades totalmente distintas. Fama, dinheiro e harmonia compõem o cenário daquela bem-sucedida família. Contudo, um segredo guardado na consciência de Roberto vem modificar a vida de todos.

UM NOVO DESPERTAR (espírito Helena)
Ione é uma moça simples de uma pequena cidade interiorana. Lutadora incansável, ela trabalha em uma casa de família para sustentar a mãe e os irmãos, e sempre manteve acesa a esperança de conseguir um futuro melhor. Porém, a história de cada um segue caminhos que desconhecemos.

JOIA RARA (espírito Helena)
Leitura edificante, uma página por dia. Um roteiro diário para nossas reflexões e para a conquista de um padrão vibratório elevado, com bom ânimo e vontade de progredir. Essa é a proposta deste livro que irá encantar o leitor de todas as idades.

MINHA VIDA EM TUAS MÃOS (espírito Luiz Fernando - Pai Miguel de Angola)
O velho Tibúrcio guardou um segredo por toda a vida. Agora, antes de sua morte, tudo seria esclarecido, para comoção geral de uma família inteira.

A ESPIRITUALIDADE E OS BEBÊS (espírito Irmã Maria)
Livro que acaricia o coração de todos os bebês, papais e mamães, sejam eles de primeira viagem ou não, e ilumina os caminhos de cada um rumo à evolução espiritual para o progresso de todos.

Romances imperdíveis!
Obras do espírito Hermes!

Psicografia de Maurício de Castro

Nada é para Sempre

Clotilde morava em uma favela. Sua vida pelas ruas a esmolar trocados e comida para alimentar o pequeno Daniel a enchia de revolta e desespero. O desprezo da sociedade causava-lhe ódio. Mas, apesar de sua condição miserável, sua beleza chamou a atenção de madame Aurélia, dona da Mansão de Higienópolis, uma casa de luxo em São Paulo que recebia clientes selecionados com todo o sigilo. Clotilde torna-se Isabela e começa então sua longa trilha em busca de dinheiro e ascensão social.

Ninguém Lucra com o Mal

Ernesto era um bom homem: classe média, trabalhador, esposa e duas filhas. Espírita convicto, excelente médium, trabalhava devotadamente em um centro de São Paulo. De repente, a vida de Ernesto se transforma: em uma viagem de volta do interior com a família, um acidente automobilístico arrebata sua mulher e as duas meninas. Ernesto sobrevive... Mas agora está só, sem o bem mais precioso de sua vida: a família.

Sem Medo de Amar

Hortência tem o dom de prever o futuro. Contudo, apaixona-se por Douglas, um homem casado, e entrega-se a uma relação apaixonada sem medir as consequências de seus atos. Mas Deus, que está sempre perto de seus filhos, apesar dos erros cometidos, ampara-a e lhe mostra a verdadeira felicidade.

Leia estes envolventes romances do espírito Margarida da Cunha

Psicografia de Sulamita Santos

Doce Entardecer

Paulo e Renato eram como irmãos. O primeiro, pobre, um matuto trabalhador em seu pequeno sítio. O segundo, filho do coronel Donato, rico, era um doutor formado na capital que, mais tarde, assumiria os negócios do pai na fazenda. Amigos sinceros e verdadeiros, desde jovens trocavam muitas confidências. Foi Renato o responsável por levar Paulo a seu primeiro baile, na casa do doutor Silveira. Lá, o matuto iria conhecer Elvira, bela jovem que pertencia à alta sociedade da época. A moça corresponderia aos sentimentos de Paulo, dando início a um romance quase impossível, não fosse a ajuda do arguto amigo, Renato.

À Procura de um Culpado

Uma mansão, uma festa à beira da piscina, convidados, glamour e, de madrugada, um tiro. O empresário João Albuquerque de Lima estava morto. Quem o teria matado? Os espíritos vão ajudar a desvendar o mistério.

Desejo de Vingança

Numa pacata cidade perto de Sorocaba, no interior de São Paulo, o jovem Manoel apaixonou-se por Isabel, uma das meninas mais bonitas do município. Completamente cego de amor, Manoel, depois de muito insistir, consegue seu objetivo: casar-se com Isabel mesmo sabendo que ela não o amava. O que Manoel não sabia é que Isabel era uma mulher ardilosa, interesseira e orgulhosa. Ela já havia tentado destruir o segundo casamento do próprio pai com Naná, uma bondosa mulher, e, mais tarde, iria se envolver em um terrível caso de traição conjugal com desdobramentos inimagináveis para Manoel e os dois filhos, João Felipe e Janaína.